文化中行

"一带一路"国别文化手册

柬埔寨
CAMBODIA

中国银行股份有限公司　编
社会科学文献出版社

社会科学文献出版社
SOCIAL SCIENCES ACADEMIC PRESS (CHINA)

柬埔寨
CAMBODIA

中国驻柬埔寨大使馆
（Embassy of the People's Republic of China in the Kingdom of Cambodia）
地址：No.156, Blvd Mao Tsetung, Phnom Penh, Cambodia
领事保护热线：00855-12901923
网址：http://kh.china-embassy.org
　　　http://kh.chineseembassy.org
注：其他领事馆信息详见附录二

柬埔寨
CAMBODIA

序

  2013年，国家主席习近平在出访中亚和东南亚国家期间，先后提出共建"丝绸之路经济带"和"21世纪海上丝绸之路"的重大倡议，向全世界宣告了亿万中国人民谋求和平发展，与沿线国家和地区共同合作、共建繁荣的美好愿景。"一带一路"战略布局无疑成为当今世界最大的系统性工程，得到国际社会的广泛响应。

  道之大者，为国为民。作为中华民族金融业的旗帜，中国银行早已将"为社会谋福利，为国家求富强"的信念植入血脉。在一百多年的发展进程中，不断顺应历史潮流，持续经营、稳健发展，为民族解放、社会进步、国家繁荣做出重要贡献。站在新的历史机遇期，以"担当社会责任"为己任，以"做最好的银行"为目标的中国银行，依托百年发展铸就的品牌价值和全球服务网络，利用海外资金优势，实现全球资源配置，护航"一带一路"战略，不仅具有得天独厚的优势，更是义不容辞的责任。

金融业是经贸往来的"发动机"和"导流渠"，是支持"一带一路"建设的中坚力量。中国银行作为国际化、多元化、专业化程度最高的国有股份制商业银行，截至2015年底，已在"一带一路"沿线18个国家设立分支机构，未来，将持续完善全球布局，增加对"一带一路"沿线国家的机构覆盖。可以肯定地讲，中国银行完全有能力承担起国家赋予的责任与使命，为构建"一带一路"金融大动脉做出重要而独特的贡献。

"一带一路"建设投资规模大、周期长，涉及众多国家和地区，金融需求跨地区、跨文化差异明显，这对银行业提出了新的挑战。如何跟上国家对外投资的步伐，如何为"走出去"企业铺路搭桥，如何入乡随俗、实现文化融合，成为我行海外发展面临的一系列重要问题。《文化中行——"一带一路"国别文化手册》(以下简称《手册》) 正是在这个大背景下应运而生。《手册》从文化角度出发，全面介绍了我行已设和筹设分支机构的"一带一路"沿线国家的政治经济环境、金融发展业态、民俗宗教文化等，为海外机构研究发展策略、规避经营风险、解决文化冲突、融入当地社会提供实用性、前瞻性的指导和依据。对我行实现跨文化管理，服务"走出去"企业，指导海外业务发展，发挥文化影响力，实现集团战略都具有重要的价值。

最好的银行离不开最好的文化。有胸怀、有格局的中行人，以行大道、成大业的气魄，一手拿服务，一手拿文化，奔走在崭新又古老的"丝路"上。我们期待《手册》在承载我行价值理念，共建区域繁荣的道路上占有重要一席，这也正是我们实现文化"走出去"战略的题中应有之义。

2015 年 12 月

目录

CONTENTS

009

**第一篇
国情纵览**

011
人文地理

016
气候状况

017
文化国情

031

**第二篇
政治环境**

033
国家体制

035
政治制度

043
行政结构

046
外交关系

053

**第三篇
经济状况**

055
能源资源

059
基础设施

064
国民经济

081
产业发展

087
金融体系

093

第四篇
双边关系

095

双边政治关系

096

双边经济关系

098

双边关系中的
热点问题

101

柬埔寨主要商会及
华人社团

105

柬埔寨当地主要
中资企业

107

附　录

109

世界银行·营商环境指数

114

其他领事馆信息

115

跋

117

后　记

柬埔寨
CAMBODIA

第一篇
国情纵览

柬埔寨
CAMBODIA

一　人文地理

1　地理概况

柬埔寨，全称柬埔寨王国（Kingdom of Cambodia）。柬埔寨位于中南半岛的南部，东部、北部和西部分别与越南、老挝和泰国接壤，西南濒临暹罗湾，国土面积约18.1万平方公里。柬埔寨地形特点非常鲜明，三面高，中间低，向东南面开口。东西北三面均为高原，是森林的主要分布地区，中部为湄公河及由其支流形成的冲积平原，是柬埔寨的主要农业区。高原、山地和平原分别占国土面积的29%、25%和46%。

柬埔寨位于中南半岛的南部

2　历史沿革

柬埔寨是个历史悠久的文明古国，于公元 1 世纪下半叶建国。公元 9 世纪至 14 世纪是吴哥王朝的鼎盛时期，国力强盛，文化发达，创造了举世闻名的吴哥文明。1863 年后，柬埔寨先后被法国和日本占领，于 1953 年 11 月 9 日独立。

独立后的柬埔寨，由于海内外势力在该地区持续角力，政治形势一直多变，在连绵战乱中经历了高棉共和国、民主柬埔寨、柬埔寨人民共和国等政权。1991 年，在国际社会的协助下，各方在巴黎达成《柬埔寨冲突全面政治解决协定》，最终从政治层面解决了柬埔寨内乱问题。

1993 年，在国际社会的斡旋和监督下，柬埔寨举行了第一次多党大选，成立联合政府，通过新宪法，恢复君主立宪制，改国名为柬埔寨王国，西哈努克重任国王，拉那烈为第一总理，洪森为第二总理。联合国驻柬埔寨维和部队全面撤离，柬埔寨进入和平重建的历史新时期。

1998 年第二次全国大选以及其后的两次选举中，人民党均保持了绝对优势，进一步巩固了执政地位，柬埔寨也进入和平与快速发展的轨道。2013 年，柬埔寨举行第五次国会选举，这也是第一次在没有联合国主持下完全自主举行的选举，人民党以 68 席获得多数席位，保持了执政地位。

3　人口综述

柬埔寨是一个地广人稀的国家,是中南半岛五国中除老挝之外人口最少的国家。2008年人口普查的资料显示,柬埔寨全国总人口为13395682人,其中男性占48.6%,女性占51.4%。截至2014年,柬埔寨人口总数约为1480万人。柬埔寨人口一直保持着较高的增长速度,人口密度的增速也相当惊人,1972~2004年,人口密度从22人/平方公里增长到75人/平方公里,在30多年的时间里增长了2.4倍。

柬埔寨人口的地理分布很不平衡,居民主要集中在中部平原地区,金边市及其周围经济比较发达的省份人口最稠密,而北部、东部的高原山地以及西部的沿海地区人烟稀少。柬埔寨的城市化程度很低,绝大部分人口居住在农村,城市人口较少。

4　语言文字

柬埔寨是一个多民族国家,语言相当丰富。按照语言的起源可以分为3个语系,即南亚语系、汉藏语系和南岛语系。高棉语属于南亚语系,华语、缅语、泰语属于汉藏语系,占族语、马来语则属于南岛语系。按照语言的使用目的,又可分为官方语言、工作语言和通用语言等。

柬埔寨绝大部分居民使用高棉语。高棉语为通用语言,与英语、法语同为官方语言。柬埔寨王国宪法第 5 条规定:"官方语言和官方文字是高棉语和高棉文。"

特别提示

- ★ 柬埔寨首都金边市属于东 7 时区,当地时间比北京时间晚 1 小时。
- ★ 柬埔寨华人华侨约有 60 万人,约占总人口的 4%,首都金边市是华人华侨最多的地方,超过 30 万人。
- ★ 柬埔寨民风淳朴,无民族、宗教、反叛武装冲突,社会环境较稳定。
- ★ 柬埔寨金边市的中央市场(Phsar Thmei)是金边市的标志性建筑,1935～1937 年由法国设计师设计建造,是一座大型综合市场。
- ★ 偷窃、抢劫、诈骗等案件时有发生。外出办事、旅游,最好乘出租车,尽量避免单独外出或太晚回住所。

柬埔寨首都金边市的标志性建筑——中央市场

图片提供：达志影像

二 气候状况

柬埔寨地处北回归线以南，属热带季风气候，终年如夏，旱季和雨季较为分明，每年 5～10 月为雨季，11 月至次年 4 月为旱季，年均降雨量为 1250～1750 毫米，年均湿度为 60%～80%，年均温度为 23℃～32℃。

地处内陆的北部地区受海洋季风影响较小，属于典型的高原气候；中部平原地势较低，气候比较干热；西南沿海地区受海洋季风影响很大，降水量充沛。

特别提示

★ 近年来柬埔寨非法砍伐森林的现象不断增加，加之大量使用林地作为农地，导致森林面积下降，自然灾害呈增加趋势。

★ 根据柬埔寨国家灾难管理委员会 2014 年的统计，柬埔寨的主要自然灾害包括雷击、水灾、风灾，当年造成死亡人数依次为 75 人、49 人、9 人。

三　文化国情

1　民族

柬埔寨是一个多民族国家，有20多个民族，高棉族是主体民族，占总人口的80%；少数民族有占族、普农族、老族、泰族、华族、京族、缅族、马来族、斯丁族和土著部落。

高棉族是柬埔寨的主体民族，中国古书称为"吉蔑人"。从体质来看，高棉族人普遍身材矮小，体格强壮，肌肉发达，皮肤浅棕色，鼻子扁平，黑眼珠，厚唇，头发卷曲，他们经常嚼食槟榔，牙齿漆黑发亮。

高棉族由多种民族融合而成。柬埔寨的高棉人分为平原高棉人和山地高棉人。平原高棉人主要分布在湄公河沿岸、洞里萨湖平原周围以及过渡性平原和沿海地带，主要从事

身着传统服装的柬埔寨高棉族舞者
图片提供：达志影像

农业，种植稻谷、棉花，兼营渔业和手工业；山地高棉人分布在偏僻山区和边境地区，靠种植山地作物、采集林产品为生。高棉人的住房以人字形干栏式建筑的高脚屋为主，其特点是既可防洪水、猛兽，又可避湿气。

特别提示

★ 柬埔寨华人主要分布在马德望、干拉、贡不、茶胶等省，首都金边市的华人华侨最多。柬埔寨华人华侨祖籍主要为广东、海南、福建等省，其中以广东潮州籍人最多，约占华人华侨总数的80%。

2　宗教

宗教在柬埔寨人民的政治、社会和日常生活中占有十分重要的地位。柬埔寨的主要信仰为佛教、基督教和伊斯兰教，其中佛教为国教，信仰人口占97%。柬埔寨佛寺遍及全国，僧王和僧侣的社会地位很高。通常男子无论社会地位高低，一生都要出家一次，否则将为世俗所鄙视，出家后可以随时还俗，还俗后求婚、就业都比较容易。

柬埔寨奉行多元宗教和谐相处的原则，鼓励宗教为国家政治、经济、社会和道德建设服务。宪法规定"男女公民均享有充分的信仰自由，国家保护信仰和宗教自由"。

佛教是柬埔寨的国教，男子通常一生要出家一次

图片提供：达志影像

扩展阅读：柬埔寨的主要宗教

小乘佛教

小乘佛教是柬埔寨的国教。近代以来，柬埔寨的小乘佛教分为两大派别，即摩诃尼伽派（Mohanikay）与达摩育特派（Thamayut）。小乘佛教两大教派对佛教教义的理解基本一致，地位平等，互不干扰，关系融洽。两大派别都有自己的全国佛教会和分支机构，以及许多全国性的宗教组织。国王是两派佛教会的最高领袖，可以从两派有威望的高级僧侣中挑选任命僧王。僧王是僧侣的最高领袖，两派僧王彼此独立，分管各自派别属下的僧众。僧侣按照资历分成11个等

级，最上面的4个等级是高级僧侣，统称"罗阇加那"，他们都是出家20年以上的僧侣，过着优裕的生活。高级僧侣下面的7个等级是初级僧侣和普通比丘，统称"塔纳努克兰"，他们主要依靠教徒的布施维持生计。1952年两大教派联合成立了"柬埔寨佛教共和会"，这是国家最高级的佛教徒组织。1954年7月1日，柬埔寨国王谕令成立了"柬埔寨王家佛教大学"，即西哈努克拉查佛教大学，这是柬埔寨佛学的高等学府。1970年成立了"柬埔寨宗教学生共和会"，1971年成立了"柬埔寨佛教青年会"，这些宗教组织在协调教派关系、促进佛教徒的团结合作等方面发挥了重要作用。

柬埔寨几乎每一个村庄都有一座寺庙。寺庙不仅是宗教活动的中心，而且是当地的主要社会活动场所，还承担着地方教育的职责。每个寺庙都有若干和尚常住，拥有一定数量的藏书。僧侣除了诵经拜佛，也负责教儿童识字、学文化，宣传卫生常识，给村民们看病送药。每逢教日，佛教徒都云集寺庙，聆听僧侣诵经说教。平时佛教徒也会到寺庙举行节日庆典活动和聚会。

伊斯兰教

柬埔寨的伊斯兰教属于逊尼派，是柬埔寨的第二大宗教，其中绝大部分是占族人和马来人。柬埔寨的穆斯林有自己的清真寺，金边市附近的克罗昌格瓦清真寺最为著名。伊斯兰教是由东南亚海岛国家传至柬埔寨的。19世纪末在穆普特等4位伊斯兰教领袖的领导下，柬埔寨的伊斯兰教才得以统一。20世纪50年代，独立后的柬埔寨王国政府成立了一个五人委员会，以加强对伊斯兰教的控制。在红色高棉统治的1975～1979年，红色高棉政府不允许穆斯林前往清真寺拜祭，还毁掉了绝大部分清真寺，直到20世纪80年代以后，伊斯兰教才逐渐复苏，清真寺的数量逐步恢复到1975年以前的水平。

天主教

天主教是17世纪由欧洲传教士传入柬埔寨的。1660年，一个由400名葡萄牙传教士后裔和其他外侨组成的天主教传教使团来到柬埔寨。由于高棉人笃信小乘佛教，这些西方传教士的传教活动进展非常缓慢，但在19世纪中叶以后的法国殖民统治时期，殖民当局对天主教采取保护政策，由法国的"外方传教会""法国耶稣会"等组织从事天主教的传教活动，成立了各种教友会，在柬埔寨的越南侨民中发展了许多天主教徒。有关资料表明，柬埔寨独立前的1953年，全国的天主教会会员共有12万人，教徒总数超过了伊斯兰教，一度成为柬埔寨的第二大宗教。到1970年遣返越南侨民时，其中大约有5万名天主教徒被遣送回国。

1972年，柬埔寨约有2万名天主教徒，他们大多是留在柬埔寨的法国人。

婆罗门教

婆罗门教是公元1世纪从印度传入柬埔寨的外来宗教，它信奉三大神——梵天、毗湿奴和湿婆，曾经在很长时期内是柬埔寨的主要宗教。公元9世纪，吴哥王朝创始人阇耶跋摩二世宣称自己是湿婆的化身，把对湿婆的信仰与帝王崇拜结合在一起，在柬埔寨大力推崇婆罗门教，婆罗门教进入全盛时期，并对古代柬埔寨的政治体制、意识形态、语言文字、建筑艺术、社会风俗等方面产生了重大影响。14世纪以后，婆罗门教逐渐走向衰落以至于几乎消亡，其地位被小乘佛教取代。但是，婆罗门教的影响仍存在于柬埔寨人的生活中，特别是王室的重大庆典活动中。例如，国王登基、王子剃度、王室成员结婚或丧葬、大臣向国王宣誓效忠等，都要由婆罗门教的祭司来主持庆典仪式。柬埔寨国王被称为婆罗门教教主，国王尊婆罗门教祭司为国师。国王的王冕、金履、掌扇、罗伞、宝剑是传国之宝，这些重要物品也由国师保管。婆罗门教主神湿婆仍受到人们的崇拜。

其他宗教

柬埔寨东部和北部山区的少数民族部落有自己独

特的宗教信仰。他们相信万物有灵，把鬼神和自然界的许多事物联系在一起，石头、大树、水、火、土壤甚至稻谷、道路都可以成为他们崇拜的神祇。如果遇到灾难或者有人生病，他们就认为是触怒了这些神，必须宰杀家禽家畜、举行各种献祭仪式才能消除灾难。有的部落还有专门为病人驱鬼治病的巫师神汉。

特别提示

★ 在柬埔寨，僧侣不受拘捕、不服兵役，也不纳税。即使僧侣违法犯罪，也必须先由宗教组织令其还俗，才能受到起诉并被追究法律责任。

3 风俗与禁忌

（1）民族服饰

柬埔寨常年高温，人们的穿着极其简单，但也有鲜明的特色。占人口绝大多数的高棉族的典型传统服饰是"纱笼"和"桑博"，以黑色为主，制作起来比较容易。男子上身穿对襟短上衣，热天穿圆领汗衫，下身穿"纱笼"即一种用数尺横幅布从两边缝合的长裙，宽度在1~3米，布料通常是棉布或丝绸。妇女上身穿对襟无领短袖衫，颜色以深色和白色为主，下身穿的长裙叫"桑博"，其制作方法与穿着方式跟"纱笼"完全一

柬埔寨身着"桑博"跳舞的女孩子
图片提供：达志影像

样，只是颜色更为丰富，除了黑色之外，还有鲜艳的金色、黄色、棕色、绿色，布料的质地有棉、丝、麻、涤、绸缎等，而且印有各种花草鱼鸟和风景图案。

柬埔寨还有一种叫作"干曼"的古老服装，是一幅八九尺长的锦缎或棉布，不用缝合，直接围于腰间。穿上之后，无论从前面看还是从后面看，其形状都有点像鱼的尾部，颇有特色。这种服装自古以来就是柬埔寨的礼服，只有在举行传统庆典活动时或正式场合，王室成员和高级官员才会穿锦缎制作的干曼。

"水布"是柬埔寨的特色服饰，当地人称其"嘎玛"，是一块长约150厘米、宽约80厘米的方格布巾。水布是柬埔寨男女老幼随身携带的必备之物，佩戴的方式多种多样，用途十分广泛，既有实用价值，又有艺术价值，可以用来遮阳避雨、充当汗巾，还可作围腰、纱笼或被单。水布还常被作为礼物赠送给亲朋好友。

如今，柬埔寨人的服饰已经较以前发生了很大变化。在城市，人们在公共场合大多西装革履，但闲暇时着装随意。年轻人多穿T恤衫、牛仔裤，只有在家里才会穿传统服装。在乡村，穿"纱笼"和"桑博"的也逐渐变少，穿长衣长裤的人慢慢多起来。此外，柬埔寨人无论男女都喜欢佩戴装饰品，妇女喜欢用色彩鲜艳的颜料涂抹手足。据说这些都是婆罗门教的遗风。

（2）饮食文化

柬埔寨是世界上著名的水稻产地之一，洞里萨湖周围平原被誉为鱼米之乡，因此，柬埔寨人以大米为主食，以鱼虾为主要副食，喜吃富有刺激性味道的蔬菜，如生辣椒、葱、姜等，还喜食生菜、生肉和腌鱼酱。他们在进餐时都喜好喝汤,喜欢在食物中加入生姜、豆蔻、薄荷、胡椒、柠檬、鱼露等各种调料。柬埔寨人爱吃甜食,很多食品都要加糖。

柬埔寨人经常食用的水果有香蕉、杧果、番木瓜、棕榈果、红毛丹等。

在柬埔寨广大农村,人们还保持着传统的饮食习惯,用瓦锅煮饭、土锅熬汤、椰壳当勺。一家人围坐在铺好席子的地板上进餐,中间放一个大木盆,盆里装着各种大小不等的碗、盘,再准备一份净水。他们习惯用大碗盛饭,用小盘子盛菜,用右手抓饭入口,不使用筷子、刀、叉等物。一边抓饭吃,一边在清水里涮手指。柬埔寨男人进餐时还喜欢抽烟喝酒。

特别提示

★ 柬埔寨人对左右两手的用途有严格的区分,把右手看得很圣洁,认为左手是不干净的。吃饭、递东西、行握手礼一定要用右手,如果用左手就会被视为无礼。

★ 柬埔寨人注意礼节礼貌。最普通的礼节是合十礼,即双手合掌于胸前,稍微俯首,指尖的高度视对方身份而定,对国王、王室成员、僧侣还要行下蹲或跪拜礼。社交场合也流行握手礼,但男女间仍以行合十礼为宜。

★ 进寺庙烧香拜佛时严禁穿鞋,否则将被视为犯下大罪。寺庙里通常不允许拍照。拍摄和尚的相片必须事先征得其同意，否则将被视为大不敬。
- ★ 柬埔寨婚俗是男子"嫁"到女方家。婚礼的全部仪式都在女方家中进行，婚礼由村中最有声望的老者主持。
- ★ 柬埔寨人的传统住房多为竹木结构的高脚式房屋，离地2米左右，上面住人，下面存放农具和停放车辆。首都金边市的建筑具有多种风格，城中的寺庙全是古老的吴哥式建筑，较为现代的住宅和办公楼则多是法式的。
- ★ 柬埔寨的人均预期寿命为62岁，疟疾、结核病和黑热病等疾病仍严重威胁柬埔寨人的生命。

4　重要节日

柬埔寨的节日很多，既有世界性的节日，如元旦节、国际妇女节、国际劳动节、国际儿童节等，又有许多柬埔寨特有的节日，如柬埔寨新年、西哈努克国王诞辰、王国独立日等，还有不少民间传统节日。

扩展阅读：柬埔寨的主要节日

柬埔寨新年

每年公历4月13～15日是柬埔寨新年，全国放假3天。新年期间，全国各地的寺院都要重新布置，悬挂佛教的五色旗和白色的鳄鱼旗，结上铜铃。男女老少穿上节日盛装，成群结队到寺院礼佛斋僧。建沙塔、浴佛像是传统的庆祝活动。

御耕节

御耕节是柬埔寨一个十分隆重的传统节日，时间是每年柬历比萨月下弦初四（公历4～5月），政府机关放假一天。御耕节期间正是雨季，意味着一年农耕的开始，要举行隆重的御耕典礼。御耕典礼由柬埔寨政府的农业部组织，国王、王后亲临现场观看，文武百官和各国驻柬使节应邀参加。仪式中，国王和王后的代表要象征性地犁耙和播种，并通过"神牛"选食来预卜庄稼收成的好坏：牛吃稻谷、玉米预示着粮食将有大丰收；牛吃青豆、芝麻意味着水果将有好收成。

亡人节

亡人节也是柬埔寨的传统节日，类似中国的清明节。节日期间，佛教徒要集体到寺院去做善事，积功德。按照传统，这个节日通常要持续15天，但现在已经缩短到3天（10月12～14日）。亡人节最后一天活动很多，也最为隆重热闹。第一个仪式是"波列隆达"：凌晨3时人们就起床，用芭蕉树皮制作小船，焚香点烛，将装有食品的小船放到河水里，任它随波逐流，漂向远方，寓意"送先人升上天堂"。第二个仪式是"砌沙坛"：天亮后人们着盛装来到寺院，善男信女们砌好8座沙坛，围坐其旁，僧人在沙坛上点上几炷香开始诵经。教徒们依次传递着点燃的蜡烛，以此为已故先人赎罪。第三个仪式是"邦速鼓"：人们将寄放在寺院的骨灰盒取出，没有骨灰盒的则把死者的名字写在一张纸上，请僧人为之诵经超度。这些仪式完成后，亡人节就结束了。

送水节

送水节是柬埔寨盛大的传统节日之一，时间是佛历佳得月满月（公历11月），是祭祀每年11月间湄公河、洞里萨河河水退潮的节日。送水节通常持续3天（11月25～27日），全国各地张灯结彩，纷纷举行规模浩大的庆祝活动，国王、王后和其他王室成员都要参加。国王还亲自主持某些重要仪式，邀请各国驻柬外交使节观礼。主要活动有"放河灯"、"祭月"和"龙舟竞赛"3项。

加顶节

加顶节是指在雨季斋期结束后佛教徒给僧侣们添置一套袈裟、馈赠一些日用品等活动，因此每到加顶节期间，经常可以看到人们排起长队向僧侣们赠送袈裟的场面。加顶节仪式由善男信女自发组织,通常由富裕人家或德高望重的人发起并承担有关费用。加顶节是柬埔寨佛教徒最隆重的节日之一,时间从每年佛历十一月初一开始,持续一个月(10月29日至11月26日)。

柬埔寨
CAMBODIA

第二篇
政治环境

柬埔寨
CAMBODIA

一　国家体制

1　国体、元首及国家标识

1993年起，柬埔寨恢复君主立宪制度，实行多党自由民主制，立法、司法和行政三权分立。

国王是终身制国家元首、武装力量最高统帅、国家统一和永存的象征，有权宣布大赦，根据首相建议并征得国会主席同意后，可以解散国会。国王因故不能视事或不在国内期间，由参议院主席代理国家元首职务。王位不能世袭。国王去世后，由九人王位委员会（由首相、佛教两派僧王、参议院和国会议长及副议长组成）从王族后裔中推选产生新国王。

现在的诺罗敦·西哈莫尼国王（Norodom Sihamoni）2004年10月登基，为无党派人士。

柬埔寨国旗

柬埔寨国徽

2　宪法概述

柬埔寨目前实行的宪法是 1993 年 9 月 21 日经过柬埔寨制宪会议通过、由西哈努克国王于同年 9 月 24 日签署生效的。1999 年 3 月 4 日，柬埔寨第二届国会通过宪法修正案，新宪法由原来的 14 章 149 条增至 16 章 158 条。宪法规定，柬埔寨是君主立宪制王国，立法、司法、行政三权分立。

二 政治制度

1 政体概述

柬埔寨议会实行国会和参议院两院制。

国会是国家最高权力机构和立法机构,议席在 120 个左右。国会议员均由普选产生,每届任期 5 年,首届成立于 1993 年。宪法赋予国会的职权主要有立法权、财政控制权、监督权和议会自治权。国会的主要职能是:批准国家预算、国家计划、国家借贷资金议案、国家金融合同;制定、修改和废除国家税收;批准政府的预算执行报告;审批大赦法令;批准和废除国际条约和国际协议;审批宣战法令。第五届国会成立于 2013 年 7 月,由 123 名议员组成,其中人民党 68 人,救国党 55 人。韩桑林任国会主席。

参议院是国家立法机关,有 61 个席位,任期 6 年。下设 9 个专门委员会。首届成立于 1999 年 3 月 25 日。议员一部分由国王任命,另一部分以非普选的形式选出。宪法赋予参议院的主要职权有立法权和议会自治权。参议院的主要职能是:审议国会通过的即将付诸实施的宪法和法律并提出意见;负责协调国会与王国政府的关系;在国王因故不能视事或不在国内时,由参议院主席任代理国家元首职务。

2　政治中心

柬埔寨首都金边市（Phnom Penh），同时也是柬埔寨最大的城市，面积678平方公里，位于湄公河、洞里萨河、巴沙河和前江的汇合处，为柬埔寨政治、经济、文化、宗教中心。金边市市区呈长方形，分老城和新城两部分，共有9个区：桑园区、隆边区、玛卡拉区、堆谷区、朗哥区、棉芷区、雷西郊区、森速区和菩森芷区。

金边市是柬埔寨最大的工商业城市，聚集了全国最主要的工商企业和金融机构，是国内的商业和贸易基地。金边市主要的工业部门有汽车修理、船舶、塑胶、化工、纺织、陶瓷、电力、轮胎、玻璃和酿酒等。

金边是亚洲中南半岛重要的交通枢纽之一，有7条国道连接全国各省，柬埔寨全国仅有的两条铁路均以金边市为起点。金边国际机场是柬埔寨最大的航空港，可以起降大型飞机，有多条国际航线通往世界各地。金边港是柬埔寨最大的港口，到出海口的湄公河段全长330千米，海轮可以长年通航。

金边市名胜古迹众多，是世界上著名的旅游城市。金边市有6座古佛寺和许多后来修建的佛寺，这些庄严肃穆的庙宇使金边市成为柬埔寨的佛教中心。金边市还有十几所高等院校，也是全国的教育中心。

3 主要政党

柬埔寨是一个多党制国家，政党政治活跃。目前共有59个政党，其中合法注册的有42个。柬埔寨政党派别纷繁复杂，派系矛盾尖锐，政党政治发展变化深刻，但各党基本能在宪法的范围内开展活动。人民党、奉辛比克党和救国党为主要政党。2013年大选中，人民党赢得一半以上的国会议席，人民党主席谢辛、名誉主席韩桑林、副主席洪森分别蝉联参议院主席、国会主席和政府首相。人民党全面掌控立法、司法、行政权力。

（1）柬埔寨人民党（Cambodia People's Party）

该党前身为成立于1951年6月28日的柬埔寨人民革命党，1991年10月改为现名。现任党主席谢辛，副主席洪森，名誉主席韩桑林。现有党员410万人。1993年大选后，人民党顺应形势，同意恢复君主立宪制，与奉辛比克党联合执政。1998年人民党大选获胜，洪森出任首相。在2002年初举行的地方选举中，人民党获得绝大多数乡（区）长职位。2003年大选中人民党获胜，获73个国会议席。2008年大选中人民党再次获胜，赢得90个国会议席。2013年大选中人民党险胜，赢得68个国会议席，洪森蝉联首相。该党主张对内维护政局稳定，致力于经济发展和脱贫，建立民主法治国家，对外奉行独立、和平、中立和不结盟政策，支持建立国际政治经济新秩序，主张加强南南合作、缩小贫富差距及加强区域合作，维护地区和平与繁荣，重视同周边邻国的友好合作以及与中、日、法等大国发展友好关系，并积极改善同美国及西方的关系。

（2）奉辛比克党（FUNCINPEC Party）

该党前身为"争取柬埔寨独立、中立、和平与合作民族团结阵线"，由西哈努克于1981年创建并任主席。1992年改为现名，现有党员约40万人。该党信奉西哈努克主义，对内主张政治民主化、经济私有化，维护君主立宪制，对外奉行独立、和平、中立与不结盟外交政策，主张与世界各国和一切友好政党建立和发展友好合作关系，以和平方式解决与邻国的边界和领土争端。1993年大选中奉辛比克党获胜，成为国会第一大党。拉那烈出任政府第一首相。1997年7月，人民党与奉辛比克党爆发军事冲突，拉那烈被罢免。1998年大选中奉辛比克党获得43个国会议席和21个参议院议席，退居第二。2002年初举行的乡级选举中获10个乡（区）长职位。2003年大选中获26个国会议席，居第二位。2004年7月与人民党组成第三届联合政府。2006年10月，奉辛比克党召开全国特别代表大会，推选盖博拉斯美取代拉那烈任奉辛比克党主席，卢莱斯棱任第一副主席，西索瓦·西里拉任第二副主席，涅本才任秘书长。

（3）救国党（Cambodia National Rescue Party）

由森朗西党和人权党于2012年合并创立。森朗西任主席。救国党的主张为：推崇西式自由、民主、人权；主张捍卫国家主权、领土完整、收回割让给邻国的土地，解决非法移民问题；铲除贪污、腐败；发展自由经济，提高人民生活水平。该党在柬埔寨知识分子、工人、市民和青年学生中有较大影响。该党原主张共和，反对君主立宪制，但近年来立场有所变化。2013年大选中该党获得 55 个国会议席，但拒绝参加政府，成为柬埔寨最大的反对党。

4　主要政治人物

诺罗敦·西哈努克（Norodom Sihanouk）

1922 年 10 月 31 日出生于柬埔寨王国首都金边市，1941 年 4 月 23 日继承王位。1955 年 3 月 3 日让位于其父诺罗敦·苏拉玛里特。在 1955～1957 年 3 次出任柬埔寨首相兼外交大臣。1958 年 7 月再次出任首相。1960 年 4 月其父逝世后，西哈努克宣布取消王位继承制度，于 6 月宣誓就任国家元首。1970 年 3 月 18 日，亲美的朗诺发动军事政变，西哈努克在北京宣布成立柬埔寨民族统一阵线领导下的王国民族团结政府，出任国家元首。1975 年 4 月柬埔寨解放后，西哈努克于同年 9 月回国。经柬埔寨特别国民大会确认，1976 年 1 月就任民主柬埔寨国家元首，同年 4 月宣布退休。1979 年 1 月越军占领金边市前夕，他再次来到中国。此后，他一直在为柬埔寨的民族独立奔走，并于 1991 年 11 月 14 日胜利返回金边，被柬埔寨各方一致拥戴为国家元首。2004 年 10 月 6 日，西哈努克国王宣布退位。诺罗敦·西哈努克于 2012 年 15 日凌晨在北京逝世，终年 90 岁。

诺罗敦·西哈莫尼（Norodom Sihamoni）

西哈莫尼是西哈努克和莫尼克所生的两个儿子之一，1953

年 5 月 14 日出生于金边市。1992 年任柬埔寨全国最高委员会驻联合国代表。1993 年 8 月起任柬埔寨驻联合国教科文组织代表，直至西哈努克退位前夕才辞去这一职务。1994 年被国王封为亲王。2004 年 10 月 29 日登基成为柬埔寨的新国王。西哈莫尼除母语外，还通晓法语、英语、捷克语和俄语。西哈莫尼国王登基后，到城乡各地巡视，慰问百姓，体察民情，受到广大民众的热烈欢迎，得到了全国人民的了解和认可。

洪森（Hun Sen）

1951 年 4 月 4 日出生于磅湛省的一个农民家庭。1969 年在金边多戈中学读书期间，逃入丛林参加红色高棉部队，1970 年加入柬埔寨共产党，由于对其内部的大清洗和自相残杀不满，他从 1977 年 7 月起参加了韩桑林领导的反政府活动，1978 年 5 月失败后逃到越南。越军于 1979 年 1 月占领金边市后，洪森出任"柬埔寨人民革命委员会"委员和柬埔寨人民共和国外交部部长。1985 年 1 月，他被任命为总理兼外交部部长，成为当时世界上最年轻的政府首脑。在柬埔寨问题的和平解决过程中，洪森作为柬埔寨人民革命党的代表亲自与西哈努克多次谈判。1991 年 10 月，执政的柬埔寨人民革命党改名为柬埔寨人民党，洪森当选为该党的副主席。1993 年 9 月出任柬埔寨王国政府第二首相。洪森在 1997 年 7 月发动武装政变，驱逐了拉那烈，罢免了其第一首相职务。自 1998 年的大选至今，洪森一直担任柬埔寨首相。

诺罗敦·拉那烈（Norodom Ranariddh）

拉那烈王子是诺罗敦·西哈努克国王的次子，1944年1月2日出生于金边市。20世纪80年代末，拉那烈在柬埔寨问题的政治解决和巴黎和平协定的签订中发挥了重要作用。1993年5月，他出任柬埔寨联合政府第一首相。1997年10月被洪森免去第一首相职务。1998年4月，他被西哈努克国王赦免，随即回到国内领导奉辛比克党参加7月举行的第二次大选。当年11月与洪森领导的人民党组成联合政府，出任国民议会主席。2006年，拉那烈丑闻官司缠身，被迫流亡海外。2008年柬埔寨大选后获得特赦回国，2012年宣布退出柬埔寨政坛。

5　政治局势

2013年7月28日，柬埔寨举行了第五届国会选举，8个政党争夺国会的123个议席，执政的人民党获得全部议席中的68席，反对党柬埔寨救国党获得55席。人民党虽然赢得了国会中超过半数的议席，但是与原先的90个议席相比失去了22个议席。这是救国党与人民党议席最为接近的一次。2014年1月，救国党发起新一轮抗议游行，提出重新选举，进而要求洪森政府下台。该党组织的游行示威与柬埔寨纺织工人的游行合并进行，最终警方开枪，数名平民死亡。2014年7月23日，柬埔寨执政党和反对党最终达成和解，结束了选举后长达一年的政治僵局。人民党非常重视大选发出的预警信息，着手进行了多项改革，任命年轻的专业技术人才担任教育部、商业部、环境部部长,并且着手制定计划,在基础设施、医疗、反腐和教育等领域进行深度改革。

特别提示

★ 虽然近年来经济发展迅速,政绩显著,但是人民党在柬埔寨长期执政,社会贫富差距拉大、收入分配不公、贪污腐败严重等社会问题引起民众不满,民众求新图变的意愿十分强烈。

★ 柬埔寨的政局在未来一段时间将会继续保持稳定。下届柬埔寨国会选举将在2018年进行,人民党政府大举提高教育和卫生领域拨款,意在争取青年的选票。

★ 柬埔寨社会治安和安全形势总体良好,但也存在一些隐患,抢劫和盗窃案件仍时有发生。市区和大部分农村地区虽已排雷,但西北地区省份仍有雷区。

★ 柬埔寨无反政府武装。

三　行政结构

1　行政区划

根据 1993 年柬埔寨制宪会议通过的宪法，柬埔寨的行政区划分为省（Khet）/直辖市（Krong）、县（Srok）/区（Sangkat）、乡（Khum）、村（Phum）4 级。截至 2004 年 12 月，柬埔寨全国共设 20 个省、4 个直辖市、185 个县（区）、1622 个乡、13866 个村。

2　主要行政机关

政府是柬埔寨的最高行政机构，领导军队、警察、其他武装力量和行政机构。其任务是根据宪法制定的基本原则，保证法律执行、国家政策实施及领导全国的行政工作。

王国政府由首相、副首相、国务大臣、大臣、国务秘书组成，所有成员需由国会举行信任投票通过后，由国王下发委任命令。首相是王国政府首脑，带领全体王国政府成员，就全面政策和王国政府的活动对国会负责。国会议员有权向王国政府提出质疑的动议，并以书面形式通过国会主席呈交，根据问题所涉责任，由首相或政府大臣在 7 日内做出答复。

自 1993 年首次全国大选至今，柬埔寨分别于 1998 年、2003 年、2008 年、2013 年进行了第二次至第五次大选，共产生了5届王国政府。第五届政府于2013年7月成立,洪森为首相,设9个副首相、15个国务大臣和28个部长。

3　主要司法机构

柬埔寨王国实行立法、行政、司法三权分立的治理模式。最高司法委员会(The Supreme Council of the Magistracy)是依据宪法和相关法律组建的直接对国王负责的一个咨询机构。该委员会由国王主持,由国王、最高法院院长、总检察长、上诉法院院长和检察长、金边法院院长和检察长以及两位法官等9人组成。最高司法委员会的主要职责是监督、检查各级法院的法官、检察官及其他司法人员的工作,同时拥有遴选、任免法官的建议权,以确保法律的公正、权威和独立。

柬埔寨王国法院由初级法院、上诉法院和最高法院三级法院组成。宪法规定,各级法院行使审判权时不受任何立法和行政机构的干涉,只有检察官有权对法院审判活动的合法性进行监督。除了检察官对法院的监督之外,最高司法委员会对法官的监督也很重要。尽管法官的职务是不能被解除的,但最高司法委员会有权对那些不能正确履行职责的法官做出处分决定。对那些严重违法的司法人员,最高司法委员会可以做出罢免的决定。

特别提示

★ 柬埔寨的4个直辖市分别是:金边市、西哈努克市、白马市和拜林市。
- ★ 柬埔寨无独立检察院,各级法院设检察官,行使相关职能。
- ★ 根据宪法,柬埔寨法律一般需要经过国会、参议院和宪法理事会逐级审议通过后,呈国王签署才能生效。

四　外交关系

1　外交原则

柬埔寨在对外关系中奉行独立、和平、永久中立和不结盟的外交政策，反对外国侵略和干涉，在和平共处五项原则的基础上，同所有国家建立和发展友好关系，主张相互尊重国家主权，通过和平谈判解决与邻国的边界问题及国与国之间的争端。

2　大国关系

柬埔寨新政府成立后，确定了融入国际社会、争取外援发展经济的对外工作方针，加强同周边国家的睦邻友好合作，改善和发展与西方国家和国际组织的关系，以争取国际经济援助。迄今为止，柬埔寨已与107个国家建交。其中，62个国家向柬埔寨派出大使，常驻金边使馆有28个，柬埔寨向22个国家派出大使，开设了8个领事馆，任命了3个名誉领事。

（1）与美国关系

随着柬埔寨和美国就"审红"问题意见趋向一致，两国关系不断改善。美国十分重视发展同柬埔寨的关系，美国海军"加里"号导弹护卫舰于2007年2月访问柬埔寨，成为越战后第一艘访问柬埔寨的美国军舰。不久后，美国宣布恢复中断了大约10年之久的对柬埔寨直接援助。美国不断增加对柬埔寨的援助，给予柬埔寨纺织品出口优惠政策，支持柬埔寨加入世界贸易组织。柬埔寨也对美国的反恐行动予以支持。两国还在经济、社会、文化等领域进行广泛合作，并在东盟、湄公河下游国家合作等框架内发展合作关系。2012年7月，美国国务卿希拉里·克林顿访问柬埔寨，出席东盟地区论坛系列外长会。

（2）与日本关系

柬埔寨重视发展同日本的关系。日本是柬埔寨的最大援助国，1992年起年均向柬埔寨提供1亿美元的援助，占外国援助柬埔寨总额的20%，涉及公路桥梁、水电等基础设施建设以及农业发展、医疗保健、教育、人才培训、环保、古迹保护和司法等领域。柬埔寨也从不谴责日本在二战期间的罪行及其发展军事力量的企图。柬埔寨尤其金边市充斥着大量日本二手汽车和摩托车。2013年12月，柬埔寨首相洪森与日本首相安倍晋三在东京举行会谈，双方同意把两国合作关系提升为全面战略合作伙伴关系。

（3）与法国关系

柬埔寨曾遭受法国长达90年的殖民统治，两国有着很深的历史渊源。柬埔寨独立后，法国依然在政治、文化和军事领域对柬埔寨产生较大影响。1993年柬埔寨王国新政府成立后，柬法关系继续平稳发展。

（4）与俄罗斯关系

1993年，柬埔寨与俄罗斯建立外交关系。1995年1月，俄罗斯开始对柬埔寨进行军事和其他方面的援助，双方签订合作协定，两国关系得到全面恢复和发展。2001年，柬埔寨外交大臣贺南洪访俄，标志着柬俄关系新的开始。

3 主要国际参与

柬埔寨王国政府成立后，奉行独立、和平、永久中立和不结盟外交政策，确立融入国际社会、争取外援发展经济的对外工作方针，着力改善和发展与国际机构的关系，争取国际经济援助。目前，柬埔寨与一些主要国际组织的关系如下。

（1）与东盟关系

柬埔寨于 1999 年 4 月 30 日加入东盟，成为东盟第 10 个成员国。此后，柬埔寨积极参与东盟政治合作机制和经济一体化进程，坚持成员国协商一致和不干涉内政等原则，主张加强合作，缩小新老成员差距，重视国际反恐合作，积极支持建立东亚经济共同体和安全共同体，积极谋求在朝核问题、东盟与上海合作组织建立联系等方面发挥作用。柬埔寨重视加强东盟内部和大湄公河次区域经济合作，积极推动柬越老经济三角区、柬泰老经济三角区和柬泰老缅四国经济合作。2008 年 2 月，柬埔寨国会通过《东盟宪章》。2012 年，柬埔寨担任东盟轮值主席国，举办东亚峰会、东盟峰会、东盟外长会等多次国际会议。

（2）与联合国关系

柬埔寨与联合国的关系极为密切。1955 年 12 月 15 日，柬埔寨被联合国接纳为成员国。联合国为柬埔寨问题的政治解决做出了不可磨灭的历史贡献，先后通过了数十个关于柬埔寨问题的决议，并且在柬埔寨进行了二战后最大规模的一次维和行动，付出了 20 多亿美元的代价。1997 年 7 月洪森将拉那烈赶下台之后，由于质疑洪森政权的合法性，联合国决定暂停柬埔寨的会员资格，直到 1998 年 12 月初柬埔寨新一届联合政府成立后才同意恢复。

联合国也是审判民主柬埔寨（以下简称民柬）前领导人的主要推动者之一。2000 年 3 月，联合国秘书长安南的特使、联合国副秘书长汉斯访问柬埔寨，并与洪森会谈。2002 年初，由于联合国坚持按照自己的标准和要求审判民柬前领导人，柬埔寨政府表示拒绝，联合国立即宣布退出与柬埔寨政府的谈判。2003 年 3 月 17 日，柬埔寨政府与联合国秘书处就成立"审红"特别法庭合作审判民柬前领导人事宜达成了一致协议。5 月 13 日，联合国大会以协商一致的方式通过了该协议。这份协议同意依据柬埔寨法律体系建立"审红"特别法庭，主要依据柬埔寨法律进行起诉，柬埔寨法官占多数；联合国原来提出的建立完全由联合国主导的"审红"国际法庭的计划未能实现。

（3）与世界贸易组织关系

从 1994 年开始，柬埔寨积极谋求加入世界贸易组织。2001 年 5 月，柬埔寨商业大臣率领柬埔寨政府代表团在日内瓦与世界贸易组织部分成员进行了双边和多边谈判。为了使柬埔寨的经济政策符合世界贸易组织的相关协议和国际惯例的要求，柬埔寨政府在进出口税务、避免企业垄断、允许私营企业与国营企业竞争等方面进行了重大改革。2001 年 11 月，柬埔寨以世界贸易组织观察员的身份参加了在卡塔尔首都多哈举行的世界贸易组织大会。2003 年 4 月，世界贸易组织通过了一份日程安排，以使柬埔寨在同年7月结束入世谈判。2003年9月12日在墨西哥坎昆召开的世界贸易组织第5次部长级会议上，柬埔寨被接纳为世界贸易组织正式成员。柬埔寨是世界贸易组织仅有的几个不发达国家成员之一，从长远看，入世对柬埔寨经济发展有较大的好处。

（4）与其他国际组织的关系

亚洲开发银行等与柬埔寨关系密切，并向柬埔寨提供了大量援助和贷款。1992～2000年，亚洲开发银行向柬埔寨提供了4.1亿美元的贷款和5300万美元的无偿援助。此后，亚洲开发银行继续援助柬埔寨，对推动柬埔寨社会经济的发展发挥了重要作用。2003年2月该行向柬埔寨提供2626万美元贷款，帮助柬埔寨改善几个省会城市的环境。2010年3月初，亚洲开发银行向柬埔寨提供4200万美元优惠贷款，用于柬埔寨修复从金边市到西哈努克港的铁路等项目。国际货币基金组织2003年恢复了对柬埔寨的援助，同年提供了8160万美元的援助。2005年5月，柬埔寨副首相兼外长贺南洪受邀率团参加了联合国粮农组织在意大利罗马举行的关于世界粮食安全的会议。2009年1月30日，洪森首相会见了联合国粮农组织驻柬埔寨代表，联合国粮农组织表示2009年将给柬埔寨提供250万美元的资金用于修建农业灌溉系统。

特别提示

★ 美国国务卿接连访问越南、柬埔寨、老挝三国，这是美国落实重返亚洲战略的重要一步。
★ 柬埔寨持续从美国、日本、中国、法国等主要大国获得援助性贷款,其中美国与中国是其争取经济援助的主要来源。相对于美国带有各种附加条件的援助,柬埔寨当局更倾向于选择中国作为合作伙伴。预计未来中美两国为增强在柬埔寨的影响力将展开角逐。

第三篇

经济状况

柬埔寨
CAMBODIA

一 能源资源

1 主要能源及分布

（1）水能资源

柬埔寨境内河流众多，蕴藏着丰富的水能资源，水电和水利开发潜力巨大。水电储藏量约 10000 兆瓦，50% 储藏在主要河流，40% 储藏在支流，10% 储藏在沿海地区。

值得一提的是，据湄公河委员会的初步勘测和估算，湄公河及其支流的水力资源占湄公河中下游总量的 33%。湄公河在柬埔寨境内长约 500 公里，水流湍急，落差甚大，是澜沧江、湄公河各河段中流量最大的，洪水期最高流量达 6 万立方米/秒。此外，湄公河的主要支流也蕴藏着丰富的水能资源，例如，湄公河集纳了罗芬高原和昆嵩高原的许多条支流，总集水面积为 1.75 万平方公里，落差达 1100 米，水量大且有不少瀑布、峡谷和隘口，适宜修建大中型梯级电站；桑河的集水面积为 1.47 万平方公里，其上游河床镶嵌在层层叠叠的高原上，有较大的落差，可以利用的潜在水能很多。

（2）石油

据初步勘探，柬埔寨石油储量近 20 亿桶。

2 主要资源及分布

(1) 矿产

柬埔寨自然资源相当丰富,已探明储量的矿藏有20余种,主要的金属矿产有铁、金、银、钨、锌、锡、锰和铅等,非金属矿藏有磷酸盐、石灰石、大理石、白云石、石英砂、黏土、煤、宝石等。

(2) 植物

柬埔寨大部分地区气候炎热潮湿,土地肥沃,适宜各种热带植物生长,木本、藤本和草本植物品种多达上千种。20世纪60年代的考察发现,柬埔寨的树种有200多种,其中以柚木、铁树、紫檀、黑檀、观丹木最为名贵。野生药用植物资源相当丰富,主要包括豆蔻、胖大海、马钱子、沉香、桂皮、藤黄、樟脑等。此外,还有种类繁多的水果资源,如香蕉、柑橘、杧果、椰子、菠萝、红毛丹、榴梿、木菠萝、番木瓜等。

柬埔寨林业资源十分丰富,20世纪90年代,森林面积约890万公顷,木材种类达200余种,总积蓄量约为11.36亿立方米,主要分布在东部、北部和西部山区。柬埔寨盛产珍贵的热带林木和竹类,还出产多种药材。由于战乱和滥伐,柬埔寨森林资源破坏严重,森林覆盖率已降为35%。

(3) 动物

柬埔寨山区分布很广,野生动物资源很多,主要有兽类、鸟类、蛇类和鱼类等,既有大象、野牛、老虎、黑豹、熊等大

大象在柬埔寨是传统的交通工具
图片提供：达志影像

型野兽，又有各种各样的小型野兽，还有鹤、苍鹭、松鸡、雉鸡、孔雀、白鹭、野鸭等鸟类以及很多的蛇类，如眼镜蛇、眼镜王蛇、克雷特蛇、蝰蛇等。野牛是柬埔寨国家级保护动物。这种野牛在全世界估计只有300头（据1985年调查），其中200头在柬埔寨。鱼类品种主要有黑斑鱼、黑鲤鱼、鳗鱼、鲑鱼、红目鱼等。有些动物与柬埔寨人民的生活关系密切，大象就是最突出的代表。柬埔寨人自古以来就有驯养大象的传统，大象被用来驮运货物，充当交通工具。

（4）土地

柬埔寨全国可耕地面积为670万公顷，其中可灌溉面积120.6万公顷，占可耕地面积的18%。目前在耕地面积380万公顷，只占可耕地面积的56.7%，今后还有进一步扩大耕地面积的潜力。主要农产品有稻谷、玉米、薯类、花生、豆类，此外还有经济作物如橡胶、胡椒、棉花、烟草、糖棕、甘蔗、咖啡、芝麻、蓖麻、黄麻等。

（5）渔业

柬埔寨江河湖泊很多，水产资源丰富。洞里萨湖是世界上著名的天然淡水渔场，也是东南亚最大的渔场。柬埔寨全国年产淡水鱼约13万吨，洞里萨湖约占50%。柬埔寨西南沿海有戈公、云壤等重要渔场，盛产鱼虾，年产量约4万吨。

特别提示

★ 柬埔寨是个农业国，农业在国民经济中占主要地位。农业人口占总人口的84.3%，占劳动总人口的78%。

★ 柬埔寨林业、渔业、畜牧业资源也很丰富，曾是东南亚地区少数几个有牲畜出口的国家之一，也是东南亚诸国中按人口平均拥有牲畜数量最多的国家。主要牲畜有牛、羊、马、猪、鸡、鸭等。肉牛是其主要出口牲畜，曾每年出口上万头。

二　基础设施

1　重要交通设施

（1）公路

公路运输是柬埔寨最主要的运输方式，占客运运输总量的65%和货运运输总量的69%。

截至2013年底，柬埔寨路网总长度约为55239公里，包括国道5622公里，省级公路6617公里，农村公路约4万公里，无高速公路。公路密度为0.25公里/平方公里；沥青路面公路密度极低，仅为0.011公里/平方公里。国道主要是以首都金边市为中心的8条公路，基本达到中国三级公路标准，沥青路面铺设。

（2）铁路

2010年以前，柬埔寨仅有南北两条铁路线，总长655公里，均为单线米轨。北线从金边市至西北部城市诗梳风，全长385公里，建于1931年；南线从金边市至西哈努克港，全长270公里，建于1960年。由于多年战乱及年久失修，上述两条铁路基本处于瘫痪状态，无客运列车，货运列车平均时速仅20公里，主要是向金边市运输发电机用重油、水泥和大米，以及向西哈努克市运输出口用木材和石料。

为改善柬埔寨铁路现状，2010年起，柬埔寨政府利用亚洲发展银行的低息贷款和澳大利亚政府提供的无偿援助，开始修复现有的两条铁路并新建一条48公里的铁路，总耗资1.4亿美元。2012年12月28日，南线256公里铁路运输线正式启用，时速30公里，北部337公里连接金边市和卜迭棉芷省波比市和泰国的铁路线计划2014年和2015年分阶段启用。

（3）空运

柬埔寨空运主要为客运，货运不发达。柬埔寨有11个机场，包括金边和暹粒两个国际机场。由于柬埔寨政府实行航空开放政策，近年来，开通柬埔寨航线的航空公司数量稳步增长。金边机场现运营至马来西亚、新加坡、泰国、越南、中国、中国香港、中国台湾、韩国等国家和地区的航班。

（4）水运

柬埔寨水运分为海运与河运。

西哈努克港是柬埔寨唯一的深水海港，有2个泊位，码头长度分别为240米和160米，前沿水深9米，主要进口商品有原料、车辆、药品和日用品，主要出口商品有服装、农产品特别是大米。该港海运线路可抵达美国、欧盟、中国、中国香港、印度尼西亚、日本、马来西亚、菲律宾、新加坡、韩国、泰国、越南等国家和地区（多通过新加坡中转）。

柬埔寨内陆水系主要包括湄公河、洞里萨河和巴萨河，雨季河流总长度约为1750公里，旱季缩减为580公里。全国有7个主要河运港口，包括金边港、磅湛码头、桔井码头、上汀码头、奈良码头、磅清扬码头和重涅码头。2013年1月22日，由中国提供优惠出口买方信贷支持的金边港新建集装箱码头项目竣工。金边港新建集装箱码头位于金边市以南湄公河畔，距金边市约21公里，码头长300米，宽22米，有2个500吨级货轮泊位，设计年集装箱吞吐量12万个标准箱。2013年港口总吞吐量645.5万吨，同比增长21%，其中，西哈努克港307.8万吨，金边港148.5万吨，国公港107.2万吨。

（5）电力设施

柬埔寨目前的电力供应无法满足本国基本电力需求，需要从邻国泰国和越南进口。矿产能源部数据显示，截至2013年底，柬埔寨全国电力供应为1370.75兆瓦，同比增长66.7%。其中，国内发电1077兆瓦，从泰国、越南、老挝引进293.75兆瓦。2013年，柬埔寨全年供电42.97亿千瓦时，同比增长31.4%。其中，国内供电19.86亿千瓦时，进口23.11亿千瓦时。2013年供电中含水电10.81亿千瓦时，同比增长111%，基本由中国BOT投资形成。

在柬埔寨大部分城市和农村地区，电力供应质量仍不稳定，无法保证24小时供电。供电价格远高于国际标准，电价约为0.25～0.88美元/千瓦时。

柬埔寨政府正在制定电力中期规划，通过建设大型火电及天然气电厂实现能源供应多元化，减少对石油的依赖性，降低发电成本，并计划开发所有具备潜力的水电站。柬埔寨拥有巨大的水电潜能，高达1万兆瓦，目前建成及正在建设中的水电站发电能力只占总蕴藏量的13%。预计2013～2017年柬埔寨将增加1609兆瓦电力供应。柬埔寨还计划到2020年实现电网覆盖全国，总长度从2010年的554公里增加至2020年的2106公里，实现村村通电；到2030年，使70%的乡村家庭能用上电。

2 重要通信设施

（1）电话

柬埔寨邮电通信部是柬埔寨电信行业决策和管理部门。全国共有非移动电话公司 8 家、国际通信服务运营商 3 家、移动服务运营商 7 家。

截至 2012 年底，全国固定电话用户 33 万户，移动电话用户 1935 万户，是世界上第一个移动电话用户远超固定电话用户的国家。柬埔寨共有 2 个国际电话端口，国际电话服务费用占邮电通信部收入的 85% 左右，是政府主要收入来源之一。近年来，国际电话成本虽已降低了 1/4 ~ 1/3，但价格仍然偏高。

在大湄公河次区域电信发展计划框架及外来投资的推动下，柬埔寨正在加快落实和实施光缆发展计划。该项目完成后，光缆及相应配套设施将覆盖全国，极大地改善了通信条件和质量，降低了通信成本。

（2）互联网

经加拿大国际发展研究中心协助，互联网服务于 1997 年被引入柬埔寨，由邮电通信部下设的 CamNet 公司负责提供互联网接入服务。柬埔寨现有 30 余家网络服务公司、15 家网络电话公司。2012 年互联网用户为 270 万户。

特别提示

★ 中国至柬埔寨的主要航线包括北京—广州—金边、昆明—南宁—金边、香港—金边、上海—金边、台北—金边、重庆—暹粒、昆明—暹粒。

三 国民经济

1 宏观经济

(1) 概述

近年来,柬埔寨继续保持稳定的政治经济环境,积极融入区域、次区域合作,重点参与区域联通计划的软硬设施建设,加大吸引投资特别是私有资本参与国家建设的力度,"四驾马车"(农业、以纺织和建筑为主导的工业、旅游业和外国直接投资)拉动经济稳步前行。尽管遭遇了十年一遇的洪水灾害的冲击,但柬埔寨政府仍然采取有效措施,基本实现了"四角战略"第二阶段的预定发展目标。

2009~2013年柬埔寨宏观经济数据

年 份	GDP总额(亿美元)	GDP增长率(%)	人均GDP(美元)
2009	103.1	0.1	716
2010	114.4	5.9	792
2011	129.4	6.9	909
2012	140.4	7.3	987
2013	151.9	7.6	1036

近年来,柬埔寨经济以年均7%以上的速度快速发展。2013年,柬埔寨GDP约为151.9亿美元,同比增长7.6%,人

均 GDP 约为 1036 美元。

2013 年，柬埔寨通货膨胀率为 3%。

（2）国际收支

截至 2013 年底，柬埔寨外汇储备为 41 亿美元。

（3）外债

截至 2011 年底，柬埔寨政府外债达 36 亿美元。目前，柬埔寨政府正努力与众多债权国谈判，争取免除部分年代久远的旧债。近年来，柬埔寨新立项的外国政府贷款项目未发生过重大资金违约情况。

据柬埔寨政府统计，1992～2012 年，柬埔寨累计接受外国无偿援助和优惠贷款 135.1 亿美元。其中，欧盟及欧洲国家提供 28.5 亿美元，占 21.1%；日本提供 22.8 亿美元，占 16.9%；亚洲开发银行提供 12.7 亿美元，占 9.4%；联合国提供 10.9 亿美元，占 8.1%；世界银行提供 8.6 亿美元，占 6.4%；各类非政府组织提供 13 亿美元，占 9.6%；中国提供 12 亿美元（包括无偿援助和优惠贷款），占 8.9%；美国提供 8.6 亿美元，占 6.4%。2013 年，柬埔寨接受援助资金约 13.6 亿美元，约占其当年 GDP 的 9%。

近年来，世界银行和国际货币基金组织根据柬埔寨经济情况为其确定了每年 8 亿～10 亿美元的借贷额度。每年底，柬埔寨国会据此制定来年向外国政府借贷（均为优惠贷款）的额度，具有法律效力。2012 年柬埔寨国会批准的借贷额度为 10 亿美元，2013 年为 9.15 亿美元，2014 年为 9.2 亿美元。对国际组织及外国政府提供的无偿援助和优惠贷款，柬埔寨政府在项目采购方式、行业领域、当地采购比例、本地雇用比例等方面均无明确规定，对 BOT、PPP 等融资项目也无明确法律规定。

2013 年 12 月，标准普尔发布评级报告，维持柬埔寨长期主权信用评级和短期主权信用评级为"B"，评级展望为"稳定"。

（4）财政收支

2013 年，柬埔寨财政收入约 20.2 亿美元，同比增长 2%，占 GDP 的 13.3%；财政支出约 16.18 亿美元，同比下降 5%。

2　贸易状况

（1）贸易发展

柬埔寨自成为东盟成员国和加入世界贸易组织后，经济发展较快，进出口贸易逐年增长。2013 年对外贸易总额为 158.8 亿美元，同比增长 16.5%。其中，出口 69 亿美元，同比增长 25.7%；进口 90 亿美元，同比增长 10.6%；进出口差额 21 亿美元，同比减少 20.8%。

2009～2013年柬埔寨贸易情况统计

单位：亿美元

年 份	2009	2010	2011	2012	2013
对外贸易总额	93.50	104.72	114.70	136.30	158.80
出口额	39.00	43.63	48.70	54.90	69.00
进口额	54.50	61.09	66.00	81.40	90.00
进出口差额	-15.50	-17.46	-17.30	-26.50	-21.00

（2）**贸易伙伴**

根据柬埔寨商业部统计，柬埔寨主要出口市场为美国、中国香港、德国、英国、加拿大、新加坡、日本、法国、越南和西班牙，主要进口来源地为东盟和东亚国家及地区，且自东盟国家的进口增长迅速。

（3）**贸易结构**

柬埔寨的贸易结构近年来无明显变化。2013年，主要出口商品是服装、橡胶、大米和木薯等。服装和鞋类占出口总额的76%，其中成衣49亿美元，占全国出口总额的71%。此外，水产和木制品也有少量出口。2013年，柬埔寨主要进口商品为成衣原辅料、燃油、食品、化工产品、建材、汽车等。

（4）**辐射市场**

近10多年来，在众多发达国家给予普惠制和配额优惠的条件下，柬埔寨积极吸引外商投资，努力扩大对外贸易，成为最不发达国家中第一个出口超过 10 亿美元的国家。

全球贸易协定：2003 年柬埔寨正式成为世界贸易组织成员，是该组织成立以来吸收的第一个最不发达国家成员。为符合世界贸易组织的有关规定，柬埔寨政府一方面积极修改立法，完善司法体系，促使国内市场走向成熟；另一方面加大推行贸易自由化政策的力度，加强国际合作，积极与国际接轨。

区域贸易协定：1999 年，柬埔寨加入东盟。根据东盟第 31 次经济部长会议的决定，柬、老、缅、越 4 个新成员国将按步骤实现自贸区的降税目标，于 2015 年以前将进口关税降到零。作为东盟成员国，柬埔寨同样受东盟与其他国家签署的自由贸易协定关税减让的约束。

（5）贸易主管部门

柬埔寨商业部为柬埔寨贸易主管部门，负责出口审批和免税进口核准。

（6）贸易法规体系

柬埔寨与贸易相关的法律法规主要包括《进出口商品关税管理法》《关于制衣行业原产地证书、商业发票、出口许可证核发的规定》《关于商业公司贸易行为的规定》《关于实施装运前检验服务的规定》《加入世界贸易组织法》《关于通过风险管理实施贸易便利化的次法令》《关于成立海关与税收署风险管理办公室的规定》等。

（7）贸易管理的相关规定

多数情况下，进口货物无须许可证，但部分产品需要获得相关政府部门特别出口授权或许可后方可出口。

出口优惠：作为最不发达国家，柬埔寨获得了欧洲部分国家以及美、日等 28 个国家给予的普惠制待遇。美国给予柬埔寨较宽松的配额和进口关税，欧盟在"除军火外所有商品倡议"下，给予柬埔寨除军火外几乎所有产品零关税的待遇。普惠制下出口至美国的产品，原产地规则对当地含量的最低要求为 30%（符合条件的东盟成员国，即柬埔寨、泰国、印度尼西亚和菲律宾，在原产地规则要求中被视为同一国家）。在"除军火外所有商品倡议"下，原产地规则要求出口产品至少有 40% 的含量来自出口国。

出口优惠与限制：根据《投资法修正法》，由柬埔寨投资委员会批准的出口型合格投资项目可享受免税期或特别折旧，其出口产品享受增值税退税或贷记出口产品的原材料。

禁止或严格限制出口的产品：文物、麻醉品和有毒物质、原木、贵重金属和宝石、武器等。半成品或成品木材制品、橡胶、生皮或熟皮、鱼类（生鲜、冷冻或切片）及动物活体应缴纳 10% 出口税。

免税进口：根据《投资法修正法》，由柬埔寨投资委员会批准的出口型合格投资项目可免税进口生产设备、建筑材料、原材料和附件。为取得生产用原材料免税进口批件，进口公司应每年向柬埔寨投资委员会申报拟进口材料的数量和价值。

（8）海关管理的相关规定

柬埔寨政府致力于实现简洁、高效、透明和可预测的海关管理，于 2006 年起草完成并通过《关于通过风险管理实施贸易便利化的次法令》，准备实施基于贸易商档案数据的风险管理系统,并推行使用"海关一站式服务系统"。

出口关税:除天然橡胶、宝石、半成品或成品木材、海产品、沙石等5类产品外,一般出口货物无须缴纳关税。

进口关税:所有进入柬埔寨的货物均应缴纳进口税,投资法或其他特殊法规规定享受免税待遇的除外。进口关税主要有7%、15%、35%和50%四种税率。

3　投资状况

(1) 外国投资状况

作为最不发达国家之一,为了摆脱贫困、发展经济,柬埔寨迫切需要外来资金和外来援助。柬埔寨实行自由经济政策,所有行业对外资高度开放,尤其在农业、旅游、自然资源等领域以其较大的发展潜能吸引了大量外来投资者。为了加速经济发展,吸引国内外投资者,柬埔寨于1994年通过《投资法》,2003年通过《投资法修正法》,为在柬埔寨投资的国内外投资者提供相对优惠的政策。

根据柬埔寨发展理事会的统计,1994～2013年,柬埔寨共吸收外国投资260.6亿美元。其中,中国是最大外资来源国,累计投资96.1亿美元,占柬埔寨吸引外资总额的34%。2013年,柬埔寨前三大外资来源地分别是中国内地(4.36亿美元)、越南(2.42亿美元)、中国香港(1.11亿美元)。其中,中国的主要投资领域包括制衣、家具和大米加工等,越南主要投资橡胶种植等,中国香港主要投资制衣和制鞋等。另外,联合国贸易和发展会议发布的 2014 年《世界投资报告》显示，2013 年柬埔寨吸收外资流量为 14.0 亿美元；截至 2013 年底，柬埔寨吸收外资存量为 94 亿美元。

（2）投资环境

近年来，柬埔寨政府为吸引国外投资创造了很多条件。

第一，柬政府为外国投资者创造和平、安宁、稳定的政治环境和社会环境。

第二，柬埔寨政府特别鼓励外资在高科技产业、农业、电力、加工业、电信、教育、旅游、基础设施、环境保护等方面加大投资，并对投资项目给予全部或部分免征关税的优惠待遇，以及在投资前 8 年内免征利润税。

第三，柬埔寨政府加大对修复和兴建基础设施的投资，特别是加大在建设机场、港口、码头、公路、桥梁等方面的投资。

第四，柬埔寨政府还通过建立经济开发区、工业开发区、工业园、"工业走廊"等方式为外资创造投资环境和商机。

第五，简化投资审批手续，提高政府部门的办事效率，惩治官员的贪污腐败。

（3）投资政策

柬埔寨实行开放的自由市场经济政策，经济活动高度自由化。柬埔寨发展理事会是负责重建、发展和投资监管的一站式服务机构。

（4）投资法律法规

柬埔寨政府大力鼓励外来投资。柬埔寨对外资与内资基本给予同等待遇，其政策主要体现在《投资法》及《投资法修正法》等相关法律规定中。

2002年3月29日，柬埔寨王国政府召开全体会议，一致通过了《投资法》（草案）。《投资法》（草案）规定，柬埔寨发展委员会是柬埔寨发展和投资的唯一合法管理机构，也是王国政府的参谋机构，可以决定发展和投资的合法资格。发展委员会在收到投资者投资申请后的3天内，必须对投资者的投资条件合格与否做出决定。发展委员会在投资者获得合法资格后的28天内，必须将投资者登记在册，并发给投资者所有投资合格的相关文件。如果没有正当理由而延误投资者的申请，责任人将负法律责任。

（5）投资行业规定

鼓励投资的领域：《投资法》规定，柬埔寨政府鼓励投资的重点领域包括创新和高科技产业、创造就业机会的项目、出口导向型的项目、旅游业、农业及加工业、基础设施及能源、有利于各省及农村发展的项目、环境保护、在依法设立的特别开发区投资。其中投资优惠政策包括免征全部或部分关税和赋税。

限制投资的领域：《投资法修正法实施细则》列出了禁止柬埔寨和外籍实体从事的投资活动，包括：神经及麻醉物质生产及加工；使用国际规则或世界卫生组织禁止使用、影响公众健康及环境的化学物质生产有毒化学品、农药、杀虫剂及其他产品；使用外国进口废料加工发电；法律禁止的森林开发业务；法律禁止的其他投资活动。该细则还列出了"不享受投资优惠的投资活动"和"可享受免缴关税但不享受免缴利润税的特定投资活动"。

（6）投资方式规定

外国直接投资：在柬埔寨进行投资活动比较宽松，不受国籍限制（《土地法》有关土地产权的规定除外）。除禁止或限制外国人介入的领域外，外国投资人可以个人、合伙、公司等商业组织形式在商业部注册并取得相关营业许可并自由实施投资项目。但拟享受投资优惠的项目要向柬埔寨发展理事会申请投资注册并获得最终注册证书后方可实施。

合资企业：获投资许可的投资项目称为"合格投资项目"。合格投资项目可以合资企业形式设立。合资企业可由柬埔寨实体、柬埔寨及外籍实体或外籍实体组成。王国政府机构亦可作为合资方。股东国籍或持股比例不受限制，但合资企业拥有或拟拥有柬埔寨王国土地或土地权益的除外。在此情况下，非柬埔寨籍实体的自然人或法人合计最高持股比例不得超过49%。

合格投资项目合并：2个或以上投资人，或投资人与其他自然人或法人约定合并组成新实体，且新实体拟实施投资人合格投资项目并享受合格投资项目最终注册证书对应的投资优惠及投资保障的，新实体需向投资委员会书面申请注册为投资人，并申请将合格投资项目最终注册证书转让给新实体。

收购合格投资项目：投资人、其他自然人或法人收购合格投资项目所有权，且拟享受合格投资项目最终注册证书对应的投资优惠及投资保障的，应向投资委员会提出收购申请，将合格投资项目最终注册证书转让给收购方。收购人为未注册自然人或法人的，需先申请注册为投资人。

特别提示

★ 柬埔寨政府在工业、农业和农产品加工、旅游、基础设施和电力、法律和税务、银行和金融、进出口7个领域成立了7个政府与私人投资者的对话委员会,解决政府与投资者之间的矛盾和政策纷争。

扩展阅读:柬埔寨对投资的优惠政策

对外国投资的优惠政策

柬埔寨政府给予外资与内资基本同等的待遇,《投资法》及《投资法修正法》为外国投资者提供了保障和相对优惠的税收、土地租赁政策。此外,外国投资者同样可享受美、日等28个国家或地区给予柬埔寨的普惠制待遇。

投资保障。柬埔寨政府对投资者提供的投资保障包括:①对外资与内资基本给予同等待遇,所有的投资者不分国籍和种族在法律面前一律平等;②柬埔寨政府不实行损害投资者财产的国有化政策;③已获批准的投资项目,柬埔寨政府不对其产品价格和服务价格进行管制;④不实行外汇管制,允许投资者从银行系统购买外汇转往国外,用以清算其与投资活动有关的财政债务。

投资优惠。经柬埔寨发展理事会批准的合格投资项目可取得的投资优惠包括：①免征投资生产企业生产设备、建筑材料、零配件和原材料等的进口关税；②企业投资后可享受3～8年的免税期（经济特区最长可达9年），免税期后按税法缴纳税率为9%的利润税；③利润用于再投资，免征利润税；④分配红利不征税；⑤产品出口免征出口税。

行业鼓励政策

柬埔寨行业鼓励政策主要体现在农业和旅游业两个方面。

为吸引外商投资农业，柬埔寨政府依据《投资法》对下列项目给予支持和优惠待遇：开发种植1000公顷以上的稻谷、500公顷以上的经济作物、50公顷以上的蔬菜；畜牧业存栏在1000头以上的项目、饲养100头以上乳牛的项目、饲养家禽10000只以上的项目；占地5公顷以上的淡水养殖项目、占地10公顷以上的海水养殖项目。主要鼓励措施包括：①项目在实施后，从第一次获得盈利的年份算起，可免征利润税的时间最长为8年，如连续亏损则被准许免征利润税，如果投资者将其盈利用于再投资，可免征其利润税；②政府只征收纯利润税，税率为9%；③分配投资盈利，不管是转移到国外，还是在柬埔寨国内分配，均不征税；④投资项目需进口的建筑材料、生产资料、各种物资、半成品、原材料及所需零配件，均可免征关税及其他赋税，但该项目必须是产品的80%供出口的投资项目。

柬埔寨政府提出优先发展旅游业的战略，旅游业得到充分重视。目前，旅游业成为柬埔寨国民经济的主要增长点和支柱产业，绝大多数城市将旅游业定位于"优先发展行业""支柱产业""特色产业"。据统计，2004~2007年，柬埔寨国内外私人投资资金中用于旅游业建设的资金就达11.07亿美元，用于基础设施建设的资金达14.44亿美元；2006~2010年，国际援助资金中用于旅游业的资金为3000万美元。在2008~2010年公共投资计划中，旅游业投资为3247万美元。

地区优惠政策

柬埔寨于2005年12月开始实施《关于特别经济区设立和管理的148号次法令》，截至2008年底，斯登豪、曼哈顿、柴柴、欧宁、金边和西哈努克6个特别经济区已获政府正式批准，另有5个也已取得特别经济区委员会许可。

根据规定，特别经济区委员会应向全部特别经济区提供优惠政策。《投资法修正法》规定，位于特别经济区的合格投资项目有权享受与其他合格投资项目相同的法定优惠政策和待遇。经济区开发商和区内投资企业可享受的优惠投资政策包括以下内容。

经济区开发商：第一，利润税免税期最长可达9年；第二，经济区内基础设施建设使用设备和建材进口免征进口税和其他赋税；第三，经济区开发商可根据《土地法》取得国家土地特许，在边境地区或独立区域设立特别经济区，并将土地租赁给投资企业。

区内投资企业：第一，与其他合格投资项目享受同等关税和税收优惠；第二，产品出口国外市场的免征增值税，产品进入国内市场的应根据数量缴纳相应增值税。

4 货币管理

柬埔寨货币为瑞尔（标准符号为KHR）。1993年，柬埔寨政府通过并实施《外汇法》，规定汇率由市场调节。近年来，汇率基本稳定在4000瑞尔兑1美元。2013年，汇率继续保持稳定，瑞尔兑美元汇率平均保持在4027∶1的水平。2014年3月31日，汇率为3985瑞尔兑1美元。

柬埔寨《外汇法》允许居民自由持有外汇。通过授权银行进行的外汇业务不受管制，但单笔转账金额在1万美元（含）以上的，授权银行应向国家银行报告。

凡在柬埔寨商业主管部门注册的企业均可开立外汇账户。

5　税收体系

柬埔寨实行全国统一的税收制度，并采取属地税制。1997年颁布的《税法》和2003年颁布的《税法修正法》为柬埔寨税收制度提供了法律依据。现行赋税体系包括利润税、最低税、预扣税、工资税、增值税、财产转移税、土地闲置税、专利税、进口税、出口税、特种税等主要税种。柬埔寨对私人投资企业所征收的主要税种和税率包括利润税9%、增值税10%、营业税2%。主要税赋和税率情况如下。

（1）利润税

利润税征税对象是居民纳税人来源于柬埔寨或国外的收入，以及非居民纳税人来源于柬埔寨的收入。税额按照纳税人公司类型、业务类型、营业水平确定使用实际税制、简化税制或预估税制计算。除0和9%的投资优惠税率外，一般税率为20%，自然资源和油气资源类税率为30%。

（2）最低税

最低税是与利润税不同的独立税种，采用实际税制的纳税人应缴纳最低税，合格投资项目除外。最低税税率为年营业额的1%，应于年度利润清算时缴纳。利润税达到年度营业额1%以上的，纳税人仅缴纳利润税。

（3）预扣税

居民纳税人以现金或实物方式向居民支付利息、租金等，按未预扣税前支付金额的对应税率预扣并缴纳税款，税率有

15%、10%、6%和4%四种。从业居民纳税人向非居民纳税人支付利息、专利费、租金、提供管理或服务的报酬、红利等款项的，应按支付金额的14%预扣并缴纳税款。

（4）工资税

工资税是对履行工作职责所获工资按月征收的赋税。柬埔寨居民源于境内及境外的工资，及非居民源于柬埔寨境内的工资应缴纳工资税，由雇主根据以下分段累进税率预扣。

柬埔寨工资税税率

月应税工资（瑞尔）	税率（%）
0～500000	0
500001～1250000	5
1250001～8500000	10
8500001～12500000	15
12500000以上	20

（5）增值税

增值税按照应税供应品应税价值的10%征收。应税供应品包括：柬埔寨纳税人提供的商品或服务；纳税人划拨自用品；以低于成本价格赠予或提供的商品或服务；进口至柬埔寨的商品。对于出口至柬埔寨境外的货物，或在柬埔寨境外提供的服务，不征收增值税。

（6）其他税赋

柬埔寨其他税种及税率（税额）如下表所示。

柬埔寨其他税种及税率（税额）

税　种	税率（税额）
针对特定商品或服务征收的特种税	10%
国内及国际航空机票	3%
国内及国际电信	20%
饮料烟草、娱乐、大型车辆、排气量 125CC 以上摩托	10%
石油产品、排气量 2000CC 以上的汽车	30%
财产转移税（不动产和某些类型车辆的所有权转让）	转让价值的 4%
土地闲置税（超过 1200 平方米以上的部分征收）	评估价值的 2%
专利税（企业年度注册时缴纳）	300 美元
房屋土地租赁税	租金的 10%

四 产业发展

1 概述

柬埔寨工业基础十分薄弱,是东南亚国家中工业最为落后的国家。作为农业国的柬埔寨,工业在国民经济中的地位次于农业和服务业。据CIA统计,2013年,柬埔寨三大产业占GDP的比重为:农业占34.8%,工业占24.5%,服务业占40.7%。

农业从来都是柬埔寨国民经济的命脉,历届政府对农业工作都很重视。柬埔寨的杂粮作物主要包括玉米、豆类、木薯和甘薯等。主要的经济作物有三类:工业原料类经济作物(橡胶、棉花、烟草、黄麻和甘蔗等)、油料和香料类经济作物(胡椒、咖啡、花生、芝麻和豆蔻等)、水果类经济作物(椰子、香蕉、柑橘和杧果等)。

2 重点工业

柬埔寨工业的总体特点是基础薄弱,规模小,技术落后,没有形成完整的工业体系。这是由历史和现实的原因造成的。由于近百年的殖民统治和独立后长期的战争和政局动荡,柬埔寨的工业始终没能获得真正的重视和发展。

(1)成衣制造业

成衣制造是柬埔寨近年来发展起来的新兴行业,在柬埔寨经济中占有重要地位。柬埔寨现有成衣厂 630 多家，雇用工人约 35 万人。目前柬埔寨的成衣出口已发展到 12 类，主要出口到美国及欧盟各国。柬埔寨已成为美国最大的睡衣供应国，童装居美国市场的第 4 位，针织品居第 18 位。2012 年，柬埔寨成衣制造业快速发展，全年出口服装价值 46 亿美元，同比增长 8%，占全国产品出口总值的 83.7%。

（2）建材与建筑

柬埔寨的建材工业产品主要局限于水泥、砖瓦和平板玻璃，产量不高，钢材等产品完全靠进口或援助。恢复重建为柬埔寨建材工业提供了良好的市场，但国内的生产能力不能满足需求。目前已经有包括韩国、中国在内的外商前来投资生产，主要集中在水泥及砖瓦生产上。建筑行业在柬埔寨也具有很好的发展潜力，但柬埔寨国内的建筑公司规模小、技术落后，柬埔寨发展基础设施的建设工作预计将由外国建筑公司承担。

（3）电力

柬埔寨实现国家和平后，国民经济稳步发展，对电力的需求也不断增长。为尽快建立全国供电网，柬埔寨积极寻求国际合作与援助，与中国以 BOT 方式进行的基里隆一级水电站修复工程已于 2002 年 7 月竣工投产。该项目由中国电力技术进出口公司投资，总金额为 2000 万美元，总装机容量为 12 兆瓦，建成后将由该公司负责运营 30 年后移交柬埔寨政府。此外，柬埔寨电力公司利用日本政府的无偿援助建设金边市周围的二期供电工程，并与越南和泰国电力公司达成协议，通过买电改善边界城镇的供电状况。上述举措不仅可以大大缓解电力短缺的压力，而且可以大幅度降低电价，减轻消费者的负担。

截至 2011 年底，柬埔寨在建、拟建各类电力项目共 22 个。其中，太阳能电站 2 个，火电站 2 个，水电站 6 个。2011 年，柬埔寨全国电力供应量约为 27.88 亿千瓦时，同比增长 12%。由于电力短缺问题已成为制约柬埔寨工农业发展的主要因素，柬埔寨政府正在努力争取人力、技术和资金等各方面的支持，积极发展电力，为市场提供充足、价格合理的电力能源。

（4）小型手工业

柬埔寨小型手工业企业在社会经济生活中发挥着重要作用，这些手工作坊均系小本经营，基本是以家庭为单位生产。大多商家设备简陋，生产工艺落后，环保条件差，一般只有几个雇工。2006 年，柬埔寨全国共有小手工业作坊 30535 家，比 2005 年增长 4.23%；从业人员为 88040 人，比 2005 年增长 2.35%；产值为 25355 亿瑞尔，比 2005 年增长 2.02%，占当年 GDP 的 10% 左右。

3 商业与旅游业

（1）商业

柬埔寨商业和其他经济部门一样，在独立后到 1970 年以前获得了一定的发展，但在此后的战乱时期大受打击。1993 年联合政府上台后，柬埔寨推行以市场经济为核心的经济自由化政策，商业面临发展的大好时机。多年来，商业取得了较大的发展，呈现局部的前所未有的商业繁荣。商业和服务业在国民经济中的地位也开始慢慢提升。

20世纪90年代后,华人工商企业呈现良好的发展势头。华商在柬埔寨经济中扮演着非常重要的角色,柬埔寨国家税收的很大一部分来自华商的公司、工厂和银行。华商控制了相当大比例的柬埔寨经济。

(2) 旅游业

柬埔寨是一个旅游资源丰富的国家,主要的旅游资源有三方面:风景优美的自然环境,古老独特的历史、文化遗产和景点,以及神秘、丰富的民族风情。柬埔寨的旅游业起步于独立后,但多年的动乱使得旅游业几乎不复存在。20世纪80年代末90年代初,柬埔寨旅游业开始复苏。柬埔寨成立了国家旅游总局,开辟新旅游线路和景点,引进外商投资旅游相关行业,大搞交通、宾馆等旅游配套设施的建设。总的来说,柬埔寨的旅游业在东南亚国家中起步较晚,但发展很迅速。2000年初,柬埔寨政府大力推行"开放天空"政策,支持、鼓励外国航空公司直飞吴哥游览区。迄今为止,除柬航外,曼谷航空公司和越航也开始有航班飞往吴哥。柬埔寨政府还采取简化入境手续、提供办理落地签证的服务等措施。近年来,柬埔寨政府在大力挖掘吴哥窟等原有旅游资源的同时,也积极拓展新的旅游景点。目前,柬埔寨共有酒店395家,客房数量为20470间;旅馆891家,客房数量为11563间。各种酒店的收费从每晚20美元到200美元不等。自2000年开始,柬埔寨开始在暹粒省暹粒市至吴哥之间兴建"酒店城",该工程预计占地67公顷。

扩展阅读：柬埔寨的吴哥遗迹

吴哥古迹是柬埔寨最著名的旅游景点，也是闻名世界的旅游胜地之一。吴哥（Angkor，该词来自梵语 Nagara，意为都市）位于暹粒省境内，距首都金边市约240公里，离暹粒省会约5公里。在公元9世纪至15世纪，吴哥曾是柬埔寨的王都，最盛时人口达数十万。吴哥始建于802年，完成于1201年，前后历时400年。吴哥曾先后两次遭洗劫和破坏。第一次是在1177年占婆人侵入柬埔寨时，吴哥遭受了劫掠；第二次是1431年暹罗军队入侵，攻陷了吴哥，吴哥遭到了严重破坏，王朝被迫迁都金边。此后，吴哥被遗弃，逐渐湮没于丛林莽野之中。直到19世纪60年代，一个名叫亨利·穆奥的法国博物学家重新发现了吴哥古迹。

吴哥古迹现存600多处，分布在面积45平方公里的丛林里。大吴哥和小吴哥是它的主要组成部分，其中有许多精美的佛塔以及众多的石刻浮雕，蔚为壮观。这些佛塔全部用巨大的石块垒砌而成，有些石块重达8吨。佛塔刻有各种形态的雕像，有的高达数米，生动逼真。吴哥寺中的5座莲花蓓蕾似的佛塔高耸入云，是高棉民族引以为荣的建筑。

吴哥古迹规模之宏伟壮观，建筑艺术之璀璨夺目，令人惊叹。考古学家把它与中国的长城、埃及的金字塔和印度尼西亚的婆罗浮屠并称东方四大奇迹。1992年，联合国教科文组织世界遗产委员会把整个吴哥古迹列为世界文化遗产。

吴哥建筑群包括数座著名的建筑物，其中最著名的是吴哥王城、吴哥窟、女王宫、巴戎寺、空中宫殿等。柬埔寨国家博物院也坐落在这里，里面陈列着众多历史文物。

五 金融体系

1 银行体系

(1) 柬埔寨银行体系的构成

柬埔寨银行体系由国家银行和商业银行组成。

国家银行的主要职能是建立金融体系的法律框架,维持稳定的价格体系,为制定金融政策提供依据,增加国家资本,承担政府间的财务清算和管理本国货币,管理外汇储备,监督和调控商业银行、专门金融机构等依法运营。

截至2013年底,除了承担央行职能的柬埔寨国家银行之外,全国已有82家商业金融机构,其中包括商业银行35家、专业银行9家、小额贷款公司31家等。

柬埔寨的商业金融机构

商业金融机构		数 量	
	分行	10	
商业银行	子行	14	35
	当地独立法人	11	
专业银行		9	
小额贷款公司		31	38
小额存款机构		7	

近年来,柬埔寨银行业存贷款规模及增速如下表所示。

2010～2013年柬埔寨银行业存贷款规模及增速

年份	存款 余额（亿美元）	存款 增幅（%）	贷款 余额（亿美元）	贷款 增幅（%）
2010	41.20	15.2	33.23	32.9
2011	47.00	14.1	43.00	29.4
2012	67.22	43.0	57.33	33.3
2013	75.49	12.3	71.94	25.5

柬埔寨商业银行的业务范围相对较窄。目前当地企业融资渠道主要还是商业银行。其中，加华银行、爱喜里达银行等五大商业银行的贷款额占全国商业银行总贷款额的77.9%左右。

2012年柬埔寨前十大商业银行

排位	类别	银行名	总资产（万亿瑞尔）	市场份额（%）
1	当地银行	爱喜里达银行	7.7	18
2	外资法人	加拿大银行	6.2	14
3	当地银行	柬埔寨公共银行	4.8	11
4	外资法人	澳新银行	3.4	8
5	外银分行	中国工商银行金边分行	2.9	7
6	当地银行	柬埔寨投资发展银行	2.0	5
7	当地银行	柬埔寨外贸银行	1.9	4
8	外银分行	中国银行金边分行	1.9	4
9	外资法人	马来西亚银行	1.6	4
10	当地银行	联合商业银行	1.3	3

资料来源：各商业银行主页。

除了本地银行迅速增加外，近年来不少国际性或地区性大银行开始纷纷进入柬埔寨市场，诸如中国工商银行、澳新银行、马来西亚银行、马来西亚大众银行、马来西亚兴业银行、新加坡星展银行、泰国银行、印度银行等均在这里开展业务。

（2）银行业风险管控情况

为确保商业银行健康稳健经营，柬埔寨国家银行实行了严格的监管政策。一是要求各类银行的年报必须经过审计，并披露经营情况，以保证其经营的真实性和有效性。二是加强银行审计。每年国家银行均按一定比例对商业银行实行现场检查，并评价检查结果，对违反银行法规的金融机构处以高额罚款，以震慑银行，确保其规范经营。国家银行规定商业银行的偿付比率不能低于15%，这与巴塞尔协议的要求一致。2012年国家银行提高对银行最低准备金比率要求，以期继续增强银行体系整体抗风险能力。

2013年，受大选前后经济形势局部动荡影响，柬埔寨银行业不良率比上年上升0.1个百分点，但相对于当年25%的信贷增速而言仍处于较低水平。

根据政府倡导以及本地产业发展及企业分布，柬埔寨当地银行经营对象大多为中小型企业。2013年，微小信贷总额达13.15亿美元，同比增长52.07%，客户数突破100万户。这样，一来风险资产得以分散，二来利差空间也优于一般授信项目，实现了风险和收益的优化配置，不良率逐年下降。当地资产规模最大的爱喜里达银行，其资产及利润均排名当地银行业第一，但该银行主要专注于金额在10万美元以下的农户贷款或者个体工商业主贷款，并且几乎全部授信项目都要求抵押物，第二还款来源得到有效保障，成为当地银行经营发展的一个典范。

2 保险业

2013年柬埔寨成立了第一家人寿保险公司。截至2013年底，柬埔寨境内共有6家保险公司、3家人寿保险公司和1家小额保险公司。

3 外汇市场

柬埔寨政府实施的宽松外汇政策使外资商业银行获得了较快的发展。美元在柬埔寨市场上广泛流通，成为柬埔寨社会的主要交换媒介，流通量占市场货币流通总量的85%以上。《外汇法》允许居民自由持有外币，但是目前人民币在柬埔寨还不能自由流通。因此，中资企业不能使用人民币在柬埔寨进行跨境贸易和投资合作。

4 证券业

2011年7月11日，柬埔寨历史上第一家证券交易所在金边市成立。柬埔寨证券交易所由柬埔寨政府与韩国证券公司合作成立，其中柬方持股55%，韩方持股45%。2012年4月18日，柬埔寨证券交易所正式开业，金边水务局股票成为第一只也是当时唯一一只上市交易的股票，首日涨幅达47.6%，换手率达6.76%。2013年5月，崑洲股份有限公司成为柬埔寨第二个上市公司。

特别提示

★ 据粗略统计，柬埔寨五大商业银行集中了全国商业银行总资产的60%、储蓄存款的70%和贷款的70%。

★ 2007年起，信用卡消费在柬埔寨中上阶层开始兴起。柬埔寨全国共有7家银行发行了超过10000张信用卡，主要种类为万事达卡、VISA卡和美国运通卡。但由于本地基础设施和技术限制，信用卡在商业领域的使用还非常有限，只能在少数高档酒店、餐厅、大型超市付账。中国发行的银联卡可在当地大型商场、银行使用。

★ 柬埔寨企业主要融资来源为银行信贷支持。但对于大型项目，当地监管机构制定了一系列关键限制性指标，如"当地吸收存款不得投放境外""授信金额超过资本金20%的单一客户应逐笔报批""授信金额超过资本金10%的单一客户授信总额不得超过资本金的3倍"，在一定程度上限制了金融机构（包括外资银行）放贷。

★ 由于柬埔寨居民和企业的信用观念较为薄弱，对于中小型客户，银行只能通过足值抵押和高利率来控制风险，故中小型客户的融资成本较高。

柬埔寨
CAMBODIA

第四篇
双边关系

柬埔寨
CAMBODIA

一 双边政治关系

中柬两国的传统友谊源远流长。1955年4月周恩来总理和柬埔寨国家元首西哈努克在万隆亚非会议上结识，成为中柬友好关系的新开端。1958年7月19日两国正式建交。近年来，双边关系进一步密切，高层领导人互访频繁。目前，双方既无历史遗留问题，也不存在现实争端，中柬两国关系处于上升、发展新时期。两国在重大国际问题和地区问题上持有相同或相似的看法，在多边外交中配合良好。柬埔寨支持中国在人权、西藏等问题上的政策并支持中国统一大业，坚持"一个中国"的原则立场。

2010年12月，洪森首相访华期间，两国宣布建立全面战略合作伙伴关系，两国关系进入新的发展阶段。2013年9月，中共中央政治局常委、中央书记处书记刘云山到访柬埔寨。2013年9月，国务院总理李克强会见了出席第十届中国–东盟博览会的柬埔寨首相洪森。2014年5月18日，国家主席习近平在亚信上海峰会期间会见柬埔寨首相洪森。

二 双边经济关系

1 双边贸易

中柬贸易受东盟与其他国家签署的自由贸易协定关税减让的约束。根据中国－东盟自贸区协议，中柬双方于 2009 年 10 月 1 日起正式启动降税程序。中国于 2010 年 1 月 1 日率先对柬埔寨绝大部分产品实行零关税。柬埔寨 2011 年开始降税，并于 2013 年、2015 年进一步实施降税安排，最终于 2015 年对中国 90% 以上的产品实现零关税。

据中国商务部统计，2008～2013 年双边贸易呈持续增长态势。2013 年，中柬双边贸易额为 37.72 亿美元，同比增长 29%。其中，中国对柬出口 34.11 亿美元，同比增长 26%；自柬进口 3.62 亿美元，同比增长 68%。2014 年 1～6 月，中柬双边贸易额 18.2 亿美元，同比增长 4.1%。其中，中国出口额 15.8 亿美元，同比下降 0.6%，进口额 2.4 亿美元，同比增长 51.9%。中国已成为柬埔寨第三大贸易伙伴，仅次于泰国和越南。

中国对柬埔寨贸易情况

单位：亿美元，%

年份	进出口额	出口额	进口额	同期增减 进出口	同期增减 出口	同期增减 进口
2008	11.33	10.94	0.39	21.30	24.00	-23.80
2009	9.44	9.07	0.37	-16.70	-17.10	-5.20

续表

年份	进出口额	出口额	进口额	同期增减 进出口	同期增减 出口	同期增减 进口
2010	14.41	13.48	0.94	52.60	48.50	153.60
2011	24.99	23.15	1.84	73.50	71.80	96.80
2012	29.23	27.08	2.15	17.00	17.00	16.80
2013	37.72	34.11	3.62	29.05	25.95	68.37

2 双边经济合作

中柬经贸合作的主要机制有三个：中国－东盟自由贸易区、大湄公河次区域经济合作以及中国－东盟博览会。

中国-东盟自由贸易区

中国-东盟自由贸易区为中柬经贸合作提供了基础和框架。近年来，中国向柬埔寨、老挝、缅甸三国提供了数百种产品进入中国市场的零关税待遇，其中就包括柬埔寨的297种产品。迄今为止，中国已给柬埔寨633种产品提供了进口关税优惠待遇

大湄公河次区域经济合作

大湄公河次区域经济合作是中柬经贸合作的另一个重要机制。在该机制下，中国特别向柬埔寨提供了部分优惠贷款和无偿援助，并为缅甸、老挝、柬埔寨三国提供最优惠的关税政策

中国-东盟博览会

中国-东盟博览会已经成为中柬经贸合作的重要平台。自2004年第一届中国-东盟博览会成功举办以来，洪森首相连续六届率团参加。柬埔寨通过这个平台，向中国和东盟国家的投资者宣传本国的投资政策和投资机遇，包括工商农贸、旅游、房地产、能源、港口等项目的推介

中柬经贸合作机制

三 双边关系中的热点问题

回顾历史，中国历代领导人与西哈努克国王建立了深厚的友谊，为两国关系的长期稳定发展奠定了坚实的基础，目前这种友谊已经传承给中柬两国新一代领导人。柬埔寨首相洪森强调中国是柬埔寨的战略依托和坚强后盾。柬埔寨人民反抗外来侵略、维护国家独立和主权的斗争，也得到了中国政府和人民的大力支持。因此，有理由相信两国传统的睦邻友好合作关系将在和平共处五项原则的基础上得到进一步发展，各个领域的合作将不断深化。

1 中国对柬埔寨的投资与援助

据中国商务部统计，2013年中国对柬埔寨直接投资流量为4.99亿美元。截至2013年底，中国对柬埔寨直接投资存量为28.49亿美元。投资主要分布在水电站、电网、通信业、服务业、纺织业、农业、矿业等领域。

在援助方面，中国所提供的援助金额于2009年达到2.6亿美元，从而取代日本成为柬埔寨最大的援助国。2010年，中国提供的双边贷款占柬埔寨双边贷款总额的58%。1992～2011年，中国向柬埔寨提供的无偿援助、无息贷款和优惠贷款已达近21亿美元。中国政府把帮助柬埔寨建设道路、桥梁等基础设施作为援助重点。中国援助修建的道路总长度达1509.67公里，还修建了分别位于洞里萨河、湄公河和上丁省西公河的 3 座大桥。中国援柬的另一重要项目是柬埔寨政府办公大楼，总建筑面积约 3.3 万平方米。中国还向柬埔寨提供了其他方面的无偿或优惠贷款援助，包括修建柬埔寨参议院办公楼和图书馆、装配式钢桥、警用摩托、消防车、缉私缉毒设备、大湄公河次区域信息高速公路等项目。

在承包工程及劳务合作方面，据中国商务部统计，2013 年中国企业在柬埔寨新签承包工程合同 56 个，新签合同总额 11.09 亿美元，完成营业额 14.31 亿美元。当年派出各类劳务人员 5810 人，年底在柬劳务人员 7125 人。截至 2013 年底，中国在柬埔寨承包工程累计合同额 92.78 亿美元，累计营业额 54.84 亿美元。

2　中柬双边的敏感问题

虽然中国已经成为柬埔寨最有影响力的政治、经济伙伴，两国关系正处于 1979 年以来最密切的时期，但是中柬关系中的某些问题也客观存在。

（1）台湾问题

柬埔寨新政府 1993 年成立后，一度与台湾当局关系密切，在柬埔寨投资的台商最多时达到两三万人。尽管目前柬埔寨政府在台湾问题上立场坚定，但不能完全排除柬埔寨个别政党将来出于某种目的再度与台湾当局发展实质关系的可能性。

（2）大湄公河次区域开发与合作问题

目前个别中南半岛国家对中国在湄公河上游开发电力有所

不满，认为这严重影响了下游的生态环境和沿岸人民的生活，其中以柬埔寨的态度最为强烈。

（3）邻国关系处理问题

在近几年有关南海问题的东盟系列峰会和外长会上，柬埔寨都是中国防范菲律宾等国过分要求的得力帮手。作为南海争端的"局外人"，柬埔寨在2012年担任东盟轮值主席国期间，从中国–东盟关系大局出发，坚决抵制了菲律宾、越南用南海问题"绑架"东盟的企图。由此可以看出，柬埔寨在南海争端上奉行不偏不倚的中立政策，不希望南海问题东盟化和国际化，希望争端各方通过和平手段解决争端。当然，柬埔寨同样不希望中柬关系的发展影响其与其他国家的关系。

特别提示

★ 中日在柬埔寨存在项目竞争问题，特别是在基础设施建设方面竞争激烈。

★ 柬埔寨当地草根非政府组织数量大，在当地有一定的影响力。中国企业在柬埔寨投资时，应特别注意土地、环保方面的问题。

四　柬埔寨主要商会及华人社团

当地主要商会

（1）柬埔寨中国商会（Chinese Chamber of Commerce in Cambodia）

地址：柬埔寨金边市莫尼旺大道53号金边大酒店大堂办公室K6单位

电话：00855-17-969088

传真：00855-23-998822

网址：http://www.cambo-china.com

电邮：cambochina@163.com

柬埔寨中国商会于1996年在原柬埔寨中资企业联谊会的基础上成立，至今商会理事会已历经6届。目前在商会登记注册的中资企业逾百家，会员单位包括国有企业、民营企业和个人商业者等多种经济成分的在柬中资企业或企业代表处。会员企业从事的经贸行业涉及森林开发和木材加工、农业综合性开发、纺织、服装加工、电力、贸易、工程建筑、电信、旅游服务、医药、交通运输、工艺品加工、餐饮等各个领域。商会还与山东、河北、上海等省市贸促会签订了合作备忘录，先后协助广东、四川、上海等省市在柬成功举办了商品展览会，与国内有关商（协）会建立了广泛的联系与合作关系。

商会下设秘书处，具体负责商会的日常事务。秘书处现设正、副秘书长各一名，还聘请了秘书及中柬翻译等专职人员，负责日常向各会员单位以及国内临时来柬从事商贸合作和投资考察的企业提供有关柬埔寨的市场环境、法律法规等咨询和翻译服务。

商会的最高权力机构为会员大会。休会期间由商会理事会全面负责商会工作。本届商会理事会由60名理事组成，于2012年3月22日由全体理事大会选举产生。按商会章程的有关规定，本届理事会的任期为3年。

①柬埔寨中国商会电力企业协会

2014年10月31日，柬埔寨中国商会电力企业协会宣告成立。电力企业协会由在柬投资电力的中资企业，即中国华电香港有限公司、中国水电、中国华能、中国水利水电、中国重型机械、鄂尔多斯投资控股集团、中国葛洲坝集团、国网新源、特变电工等企业组成。

②柬埔寨中国商会纺织企业协会

2015年，在中国驻柬埔寨大使馆经商参处的大力支持下，柬埔寨中国商会纺织企业协会成立。协会成立的初衷是，为已经在柬投资的中资纺织企业提供服务，使其尽可能避免走"弯路"，并通过协会与柬埔寨政府保持沟通联系。截至目前，柬埔寨纺织企业协会成员逾50家。近期，柬埔寨中国商会纺织企业协会以"一带一路——看中国纺织企业在柬发展前景"为题进行了调研，获得了中国驻柬埔寨大使馆经商参处和柬埔寨中国商会的认可。

（2）柬埔寨中国港澳侨商总会

地址：柬埔寨金边市普明街（130）61号联合商业银行大厦（二楼）

电话/传真：00855-23-216880

网站：http://www.chkmeba.com.kh

电邮：info@chkmeba.com.kh

柬埔寨中国港澳侨商总会成立于1998年3月18日，是由中国香港和澳门在柬埔寨投资经营企业及工作和居住人士，在自愿原则下共同组织成立的非政治性、非经营性、非牟利性的社会团体，也是目前东南亚地区唯一的由港澳投资者和工商业界人士成立的商会组织。柬埔寨中国港澳侨商总会的主要宗旨和任务是：促进并推广中国香港和澳门工商业界和个人投资者在柬埔寨从事工商经营与贸易活动；维护本会会员的合法权益；为港澳投资者提供工商投资法律、政策、工作、居住、旅游、居留等咨询服务；向会员提供有关商务及安全方面的资讯和支持；协助会员解决重大涉外经济法律纠纷；积极参与社会慈善和公益活动，积极支持社会文化教育事业，积极发展中柬两国传统友谊。

柬埔寨中国港澳侨商总会目前有70多个会员单位，这些单位主要从事制衣、成衣洗染、制鞋、金融、医药、航运、酒店、印刷、化工、塑胶、纸制品、航空服务、机械、电工器械、针织、刺绣、房地产开发、海产品加工贸易、国际性展览业务和各类进出口贸易等行业，拥有较强的经营实力和技术水准，在柬埔寨经济发展中具有重要地位和突出贡献。

柬埔寨中国港澳侨商总会设有秘书处等办事机构，负责处理商会日常事务和对外联络工作。商会还出版发行《柬埔寨中国港澳侨商总会季刊》，宣传商会的主要思想和各项工作，为会员服务，为工商业广告宣传服务。

华人社团

柬华理事总会（Khmer-Chinese Association in the Kingdom of Cambodia）

地址：柬埔寨金边市 154 路门牌 19 号

电话：00855-23-364266 /211 481

传真：00855-23-211481

柬华理事总会（简称柬华总会）成立于 1990 年 12 月 26 日，是在柬埔寨五大会馆、柬埔寨各省柬华理事会、各宗亲会和全体会员基础上联合成立的柬埔寨华人社团民间服务组织，旨在协调全柬华人社团各项事务，推动和发展华文教育，推进全柬埔寨华人之间的横向联系和友谊，增强全柬埔寨华人的凝聚力。

柬华总会下辖柬埔寨五大会馆、柬埔寨各省市柬华理事会、各宗亲会，共计 142 个分支机构、78 所公立私立华校。柬华总会理事会负责主持总会的各项工作事务，实行会长总负责制。每届理事会任期 4 年。

柬埔寨五大会馆即华人在柬埔寨的 5 个宗乡会馆：潮州会馆、福建会馆、广肇会馆、客属会馆、海南会馆。这些会馆的主席是柬华总会的副会长或者常务理事。这种做法有利于柬埔寨华人社团的团结和发展。

五　柬埔寨当地主要中资企业

境内投资主体	境外投资企业（机构）	归属	经营范围
国网新源国际投资有限公司	国网新源国际水电开发有限公司	中央企业	以BOT方式投资建设柬埔寨基里隆一级水电站项目，负责水电站的运营与管理；增资投资柬埔寨基里隆三级水电站，负责水电站运营与管理，并继续开拓柬埔寨市场
北京三联国际投资有限责任公司	柬埔寨达岱水电有限公司	中央企业	投资建设水力发电厂；法律允许的其他经营业务；工程项目总承包、工程勘探、工程设计、工程监理、工程施工、运营、工程项目管理、咨询及服务，经营和代理各类商品及技术的进出口业务（政府限制公司经营或禁止进出口的商品和技术除外），各类设备和材料的贸易和购销代理
中国黄金集团地质有限公司	中金矿业有限公司	中央企业	矿产资源勘查，矿石的开发、开采、冶炼、提纯，矿产品及金属物质的进出口贸易
北京中煤地地球物理勘探研究院有限责任公司	中煤地质新时代（柬埔寨）勘探开发有限公司	中央企业	矿产资源勘探开发
中国华电集团发电运营有限公司	中国华电集团发电运营柬埔寨有限公司	中央企业	项目开发，电力设备运营维护、检修，电力技术咨询，煤炭进出口贸易、物资贸易，运输服务，仓储服务等
中国重型机械有限公司	中国重型机械有限公司柬埔寨代表处	中央企业	项目管理、市场拓展
中工国际工程股份有限公司	中工国际工程股份有限公司柬埔寨代表处	中央企业	为执行签约项目提供全方位支持，深入开发柬埔寨市场，建立与当地及周边国家的项目开发信息交流平台
中国有色桂林矿产地质研究院有限公司	泰泽资源勘查有限公司	中央企业	金属、非金属固体矿产资源勘探、开发（采矿、选矿、冶炼），地质技术咨询服务，矿产品经营（以上各项以公司登记机关核定为准）

续表

境内投资主体	境外投资企业（机构）	归属	经营范围
中航技进出口有限责任公司	中航技驻柬埔寨代表处	中央企业	市场开拓、项目开发、产品销售、售后服务及信息采集
中国航空技术国际控股有限公司	中航国际柬埔寨代表处	中央企业	收集柬埔寨市场信息，协助当地业务开展

详细中资企业名录请参见：

中国商务部"中国对外投资和经济合作"网站⇨"境外企业（机构）"，相关网址：http://wszw.hzs.mofcom.gov.cn/fecp/fem/corp/fem_cert_stat_view_list.jsp。

柬埔寨
CAMBODIA

附　录

柬埔寨
CAMBODIA

附录一 世界银行·营商环境指数

为评估各国企业营商环境,世界银行通过对全球国家和地区的调查研究,对构成各国的企业营商环境的 10 组指标进行了逐项评级,得出综合排名。营商环境指数排名越高或越靠前,表明在该国从事企业经营活动条件越宽松。相反,指数排名越低或越靠后,则表明在该国从事企业经营活动越困难。

柬埔寨营商环境排名

柬埔寨	
所处地区	东亚及太平洋地区
收入类别	低收入
人均国民收入总值(美元)	1010

营商环境 2016 年排名:127,与上一年相比,前进 6 名

柬埔寨营商环境概况

下图同时展示了柬埔寨各分项指标与"世界领先水平"的距离,"世界领先水平"反映了《2016 年全球营商环境报告》所包含的所有经济体在每个指标方面(自该指标被纳入《营商环境报告》起)表现出的最佳水平。每个经济体与领先水平的距离以从 0 到 100 的数字表示,其中 0 表示最差表现,100 表示领先水平。

指　标	柬埔寨	东亚及太平洋地区	经合组织
开办企业			
2016年与世界领先水平的距离（百分点）：58.10			
程序（个）	7.0	7.0	4.7
时间（天）	87.0	25.9	8.3
成本（占人均国民收入的百分比）	78.7	23.0	3.2
实缴资本下限（占人均国民收入的百分比）	24.1	9.8	9.6
办理施工许可证			
2016年与世界领先水平的距离（百分点）：38.12			
程序（个）	20.0	14.7	12.4
时间（天）	652.0	134.6	152.1
成本（占人均收入的百分比）	6.2	1.8	1.7
建筑质量控制指标	6.5	8.6	11.4
获得电力			
2016年与世界领先水平的距离（百分点）：52.37			
程序（个）	4.0	4.7	4.8
时间（天）	179.0	74.1	77.7
成本（占人均国民收入的百分比）	2336.1	818.8	65.1
供电可靠性和电费指数透明度（0～8）	2.0	3.6	7.2
登记财产			
2016年与世界领先水平的距离（百分点）：54.92			
程序（个）	7.0	5.3	4.7
时间（天）	56.0	74.2	21.8
成本（占财产价值的百分比）	4.4	4.4	4.2
土地管理系统的质量指数（0～30）	7.5	13.0	22.7

续表

指 标	柬埔寨	东亚及太平洋地区	经合组织
获得信贷			
2016 年与世界领先水平的距离（百分点）：80.00			
合法权利指数（0~12）	11.0	6.2	6.0
信用信息指数（0~8）	5.0	3.9	6.5
私营调查机构覆盖范围（占成年人的百分比）	0	14.0	11.9
公共注册处覆盖范围（占成年人的百分比）	37.0	21.9	66.7
保护少数投资者			
2016 年与世界领先水平的距离（百分点）：48.33			
少数投资者保护力度指数（0~10）	4.8	5.0	6.4
纠纷调解指数（0~10）	6.3	5.5	6.3
披露指数	5.0	5.5	6.4
董事责任指数	10.0	4.7	5.4
股东诉讼便利度指数（0~10）	4.0	6.4	7.2
股东治理指数（0~10）	3.3	4.6	6.4
股东权利指数（0~10.5）	1.0	5.3	7.3
所有权和管理控制指数（0~10）	4.0	4.2	5.6
公司透明度指数（0~10）	5.0	4.2	6.4
纳税			
2016 年与世界领先水平的距离（百分点）：73.06			
纳税（次）	40.0	25.3	11.1
时间（小时）	173.0	201.4	176.6
应税总额（占毛利润的百分比）	21.0	33.5	41.2
利润税（占利润的百分比）	19.5	16.7	14.9
劳动税及缴付（占利润的百分比）	0.5	9.0	24.1

续表

指标	柬埔寨	东亚及太平洋地区	经合组织
其他税（占利润的百分比）	1.0	6.5	1.7
跨境贸易			
2016 年与世界领先水平的距离（百分点）：67.63			
出口耗时：边界合规（小时）	45.0	51.0	15.0
出口所耗费用：边界合规（美元）	375.0	396.0	160.0
出口耗时：单证合规（小时）	132.0	75.0	5.0
出口所耗费用：单证合规（美元）	100.0	167.0	36.0
进口耗时：边界合规（小时）	4.0	59.0	9.0
进口所耗费用：边界合规（美元）	240.0	421.0	123.0
进口耗时：单证合规（小时）	132.0	70.0	4.0
进口所耗费用：单证合规（美元）	120.0	148.0	25.0
执行合同			
2016 年与世界领先水平的距离（百分点）：34.50			
时间（天）	483.0	553.8	538.3
成本（占标的额的百分比）	103.4	48.8	21.1
司法程序质量指数（0～18）	6.0	7.6	11.0

程序	指标
时间（天）	483.0
备案与立案	63.0
判决与执行	250.0
合同强制执行	170.0
成本（占标的额的百分比）	103.4
律师费（占标的物价值的百分比）	95.8
诉讼费（占标的物价值的百分比）	1.0

续表

指标	柬埔寨	东亚及太平洋地区	经合组织
强制执行合同费用（占标的物价值的百分比）	6.6		
司法程序质量指数（0~18）	6.0		
办理破产			
2016与世界领先水平的距离（百分点）：45.11			
回收率（每美元美分数）	8.3	32.5	72.3
时间（年）	6.0	2.7	1.7
成本（占资产价值的百分比）	28.0	21.8	9.0
结果（0为零散销售，1为持续经营）	0	0	1
破产框架力度指数（0~16）	13.0	6.8	12.1
启动程序指数（0~3）	3.0	2.2	2.8
管理债务人资产指数（0~6）	4.0	3.1	5.3
重整程序指数（0~3）	3.0	0.8	1.7
债权人参与指数（0~4）	3.0	1.4	2.2

资料来源：世界银行《2016年全球营商环境报告》。

附录二　其他领事馆信息

驻柬埔寨大使馆经济商务参赞处
（Economic and Commercial Counsellor's Office Embassy of the People's Republic of China in the Kingdom of Cambodia）

地址：No.432C, Monivong Blvd., Phnom Penh

电话：00855-23-720598（工程承包、劳务）

00855-23-721649（援外）

00855-23-720149（贸易）

00855-23-721437（投资）

传真：00855-23-210861

电邮：cb@mofcom.gov.cn

网址：cb.mofcom.gov.cn

跋

"丝绸之路经济带"和"21世纪海上丝绸之路"战略构想为沿线国家的经贸往来和文化融合带来千载难逢的机遇。作为中国唯一连续经营百年以上、机构网络遍及海内外40多个国家和地区的大型商业银行,中国银行在国际化经营水平、环球融资能力、跨境人民币业务等方面具有独特优势。随着国家"一带一路"战略梦想一步步走进现实,中国银行正励精图治,努力成为实现这个伟大梦想的金融大动脉。

"国之交在于民相亲,民相亲在于心相交。""一带一路"战略布局涉及区域广阔,业务广泛。它不仅是一条经济交通之路,更是一条民心交融之路,其建设发展在很大程度上取决于文化的影响力和穿透力。《文化中行——"一带一路"国别文化手册》的付梓,恰逢我行整合海内外资源、布局全球一体化协同发展的关键时期。《手册》以研究海外机构特点和服务对象需求为出发点,致力于解决文化冲突、促进文化融合,力求为海外机构提供既符合中国银行价值理念,又符合驻在国实际的文化指引。

《手册》在前期充分调研的基础上,与社会科学文献出版社共同编辑出版。《手册》紧紧围绕业务需求,深耕专业领域,创新工作思路,填补了我行海外文化建设领域的空白。这是中国银行在大踏步国际化背景下,抓紧建设开放包容、具有强大影响力的企业文化的需要,是发挥文化"软实力"、保持集团可持续发展的需要,更是投身国家重大战略部署、担当社会责任的需要。

社科文献出版社是我国社会科学研究领域的权威出版机构,在人文社会科学著作出版方面享有盛誉。在编纂过程中,特别邀请了外交部、商务部专家重点审读相关章节。针对重点领域的工作需要,设置了"特别提示"和"扩展阅读",为"一带一路"发展战略提供了较为丰富的实例和参考。

文化的力量是无穷的。希望《文化中行——"一带一路"国别文化手册》行之弥远、传之弥久,以文化的力量推动"一带一路"金融大动脉建设,为实现"担当社会责任,做最好的银行"的战略目标添砖加瓦。

2015 年 12 月

后　记

　　《文化中行——"一带一路"国别文化手册》是中国银行在全力服从国家"一带一路"战略，依托百年发展优势，布局全球、协同发展的大背景下编撰的国别类文化手册。由中国银行企业文化部牵头，在办公室、财务管理部、总务部、集中采购中心的大力支持下，在社会科学文献出版社经管分社团队的共同努力下编辑出版。

　　手册在编辑过程中广泛征求了各海外分支机构的意见，得到了雅加达分行、马来西亚中国银行、马尼拉分行、新加坡分行、曼谷子行、胡志明市分行、万象分行、金边分行、哈萨克中国银行、伊斯坦布尔代表处、巴林代表处、迪拜分行、阿布扎比分行、匈牙利中国银行、卢森堡有限公司波兰分行、俄罗斯中国银行、乌兰巴托代表处、秘鲁代表处、仰光代表处、孟买筹备组、墨西哥筹备组、维也纳分行、摩洛哥筹备组、智利筹备组、毛里求斯筹备组、布拉格分行的大力支持，在此一并表示感谢。

　　编写组在编纂过程中参考了不同渠道的相关资料，主要包括外交部国家（地区）资料库，商务部"对外投资合作国别

(地区）指南 2014 版"，社会科学文献出版社"列国志"大型数据库，以及中国银行海外分支机构提供的相关资料。

  本手册系定期更新，欢迎各界提供最鲜活的资料，使手册更具权威性和客观性。

图书在版编目(CIP)数据

柬埔寨 / 中国银行股份有限公司, 社会科学文献出版社编.
— 北京：社会科学文献出版社，2016.1
（文化中行："一带一路"国别文化手册）
ISBN 978-7-5097-8441-9

Ⅰ.①柬… Ⅱ.①中… ②社… Ⅲ.①柬埔寨 – 概况
Ⅳ.①K933.5

中国版本图书馆CIP数据核字（2015）第276681号

文化中行："一带一路"国别文化手册
柬埔寨

编　　者 /	中国银行股份有限公司
	社会科学文献出版社
出 版 人 /	谢寿光
项目统筹 /	恽　薇　　王婧怡
责任编辑 /	于　飞　　陈　欣
出　　版 /	社会科学文献出版社·经济与管理出版分社（010）59367226
	地址：北京市北三环中路甲29号院华龙大厦　邮编：100029
	网址：www.ssap.com.cn
发　　行 /	市场营销中心（010）59367081　59367090
	读者服务中心（010）59367028
印　　装 /	北京盛通印刷股份有限公司
规　　格 /	开　本：889mm×1194mm　1/32
	印　张：3.875　字　数：78千字
版　　次 /	2016年1月第1版　2016年1月第1次印刷
书　　号 /	ISBN 978-7-5097-8441-9
定　　价 /	48.00元

本书如有破损、缺页、装订错误，请与本社读者服务中心联系更换
▲ 版权所有 翻印必究